LICHT ÜBER KRETA

Lisa Michaelis

Licht über Kreta
Eine Erzählung aus Liebe

Überarbeitete 2. deutsche Auflage 2016

´Licht über Kreta´ erschien in deutscher Erstauflage 2011, im Axon Verlag.

Die Handlung und alle Figuren sind frei erfunden. Übereinstimmungen mit tatsächlichen Ereignissen oder realen Personen sind rein zufällig.

Mignon

Kennst du das Land, wo die Zitronen blühen?
Im dunklen Laub die Goldorangen glühn?
Ein sanfter Wind vom blauen Himmel weht,
Die Myrte still und hoch der Lorbeer steht,
Kennst du es wohl? – Dahin! Dahin
Möchte ich mit dir, o mein Geliebter, ziehn.

Kennst du das Haus? Auf Säulen ruht sein Dach,
Es glänzt der Saal, es schimmert das Gemach,
Und Marmorbilder stehn und sehn mich an:
Was hat man dir, du armen Kind, getan?
Kennst du es wohl? – Dahin! Dahin
Möchte ich mit dir, o mein Beschützer, ziehn.

Kennst du den Berg und seinen Wolkensteg
Das Maultier sucht im Nebel seinen Weg,
In Höhlen wohnt der Drachen alte Brut,
Es stürzt der Fels und über ihn die Flut,
Kennst du ihn wohl? – Dahin! Dahin
Geht unser Weg! O Vater, lass uns ziehn!

Johann W. v. Goethe

Eine große Liebe

Kreta, Sommer 1980. Aus dem Kassettenrekorder tönte kretische Volksmusik. Der gleich bleibende, fast monotone Rhythmus der Lyra, einer kleinen dreiseitigen Fiedel, wirkte sehr beruhigend auf mich. Ich wippte mit dem Kopf im Rhythmus der Musik. Währenddessen blies der Fahrtwind die heiße Luft des Tages durch die geöffneten Fenster des alten, schwarzen Taxis. Vom fahrenden Auto aus sah ich auf Gewächshäuser, Olivenhaine und Weinfelder. Das helle Grün des Weinlaubs strahlte in der Sonne und die ersten Esel, streunende Katzen und Hunde tauchten am Straßenrand kleiner, verschlafener Dörfer auf.

Erhabene Berge mit ihren unschuldigen, schneebedeckten Gebirgszipfeln zeigten von Weitem ihre majestätischen Gesichter. Wir durchquerten eine fruchtbare Tiefebene, durch die ein Fluss führte. Doch vom Geropotamos blieb in diesem Sommer nur ein Rinnsal.

Während sich mein Körper der glühenden Schwere des heißen Tages hingab, erahnte ich die kühle Frische reiner Gebirgsluft. In der hell flimmernden Hitze jenes staubigen Tages wurde mir bewusst, wie gegensätzlich und doch wunderschön die Welt ist. Alles verschmolz vor meinem inneren Auge zu einer harmonischen Ganzheit. Hier zeigte sie sich in ihrer vollkommenen, und von mir nie zuvor gesehenen, Schönheit. Ich war wie in einer Trance und genoss die vollendete Schönheit der Natur und meine neu gewonnene Freiheit.

Schließlich begann sich die holperige Landstraße, die uns lange Zeit geradewegs Richtung Libysches Meer geführt hatte, serpentinenartig zu winden. Der Duft, der dicken und reifen Früchte schwängerte die Luft. Vereinzelte Dattelpalmen und große wohlduftende Orangen- und Zitronenhaine ließen mich vermuten, dass wir bald ankommen würden. Am Ende einer kleinen Bucht ragte der helle Felsen, in dem die Höhlen von Matala lagen, hoch und schräg zum stahlblauen Himmel empor. Das gleißende Sonnenlicht ließ ihn stellenweise weiß erscheinen, seine einzelnen sedimentären Schichten waren deutlich zu erkennen. Vor ihm lag halbmondförmig, wie hingegossen, der Strand, vor einem tiefblauen Meer. Die perfekte Harmonie der Farben und Formen dieses Kleinods hier erinnerte mich unweigerlich an die Genialität eines großen Bildhauers, der gerade eben sein Meisterstück erschaffen hatte.
Während ich den Strand entlang ging bildeten sich Schweißperlen auf meinem Rücken und Gesicht. Die Sonne brannte unerbittlich. Ich kletterte die Felsenwand hoch und begutachtete die Höhlen, in denen eine angenehme Temperatur herrschte. Nur drei von ihnen schienen bewohnt zu sein. Das schloss ich aus den hier herumliegenden Ruck- und Schlafsäcken und einer halb abgebrannten Kerze auf dem Felsenboden. Die Hippies, die früher hier lebten, waren ja schon längst weiter gereist, nach Indien und Südamerika. Das hier einst sogar Joni Mitchell einen Song schrieb, konnte ich mir jetzt plötzlich noch sehr viel besser vorstellen.

Am Ende bezog ich eine etwa acht Quadratmeter große Höhle, die ungefähr vier Meter über der Bucht lag. Beinahe konnte ich aufrecht in ihr stehen. Ich breitete meinen Schlafsack aus, legte meine Tasche als Kopfkissen zurecht und setzte mich an den Rand der Höhle. Ein unbeschreibliches, großes Glücksgefühl breitete sich in mir aus. Lange hatte ich davon geträumt, das Meer wieder zu sehen. Doch dieser Ausblick übertraf alle meine Erwartungen. Der Blick in den weiten Horizont, über die schöne Bucht und das tiefblaue Meer, ließ mich eine lange vermisste Weite atmen und erfüllte meine Seele mit Frieden und Freiheit. Das wesentliche Element der Atmosphäre aber war das Licht. Ja, das Sonnenlicht schien hier so hell, dass es wirklich jedes Dunkel auf der Stelle absorbierte. Selbst die Erinnerung an die Dunkelheit hörte schlagartig auf zu existieren. Alles hier war von Licht durchflutet. Alles atmete Licht.
Und wenn ich nun zurückblicke, dann kommt es mir so vor, als hätte ich in jenen Zeiten mitten im Licht gelebt. So, als sei damals mein ganzes Wesen von Licht durchtränkt worden, bis in die letzten Fasern meines Seins.

Dimitrios stand, wie jeden Abend, hinter der Theke des kleinen Hardrock Cafés in Matala und machte Witze, als ein schöner, junger Mann sich neben mich an die Bar setzte. Während ich ihn gerade erst bemerkte, hatte er mich schon längst gesehen. Seit ich das Lokal betreten hatte wurde er von einem ihm unbekannten Gefühl ergriffen.

„I´m Hali and who are you?“, fragte er lächelnd. „Linda“, antwortete ich, überrascht davon, dass er mich so schnell ansprach.

Hali erzählte, dass er auf Kreta geboren sei und in Sivas, einem benachbarten Dorf, lebte. Er fand schnell heraus, dass ich Deutsche war und aus München kam. Hali, damals erst achtundzwanzig Jahre alt, braungebrannt, schlank und etwa einen Kopf größer als ich, war für einen Kreter groß. Über seiner verwaschenen Jeans trug er nur ein dünnes, weißes Leinenhemd. Sein schönes Gesicht wurde von schulterlangen, leicht gewellten schwarzen Haaren umrahmt. Augen, Nase und Mund waren sinnlich und perfekt proportioniert. Ich war sein weibliches Gegenstück: Sehr helle Haut, dunkelblaue Augen, lange, glatte hellblonde Haare. Ein Blick auf Hali genügte, um unbegründete Freude in mir aufsteigen zu lassen. Wenn die Augen lieben ist das Herz erfreut.

Vom ersten Moment an spürten wir eine seltsame Vertrautheit zwischen uns. Unsere erste Begegnung glich der bester Freunde, die sich nur lange nicht trafen. Unser Gespräch war auf Anhieb vertraulich, ohne jedoch direkt intim zu werden. Auch das Lächeln, mit dem Hali mich ansah, kannte ich gut. Seine Augen zeugten von Traurigkeit, zugleich wollten sie sich aber ihre unbändige Freude am Leben nicht nehmen lassen. In seinem Blick lag eine Tiefe, die völlig ohne Umschweife direkt in mein Innerstes drang. Eine spirituelle Energie umgab ihn und klang aus jedem seiner Sätze, obwohl er nur über alltägliche Dinge redete. Die Wellenlänge, auf der wir beide schwangen, war eindeutig dieselbe und ein Lichtblitz durchfuhr mich, als Hali mich im Laufe des Abends plötzlich an jenes Bild erinnerte, das in Deutschland lange Zeit auf meinem alten Klavier stand. Es war ein spirituelles und surreales Bild. Vor einem violetten Hintergrund ritt ein Indianerjunge auf einem weißen Pferd, dessen Leib aus Licht bestand. Die spirituelle Orientierung im Leben der Indianer berührte mich. So lange schon sehnte ich mich danach, dem Indianerjungen, den ich für meinen Seelengefährten hielt, zu begegnen. Nun stand er vor mir und auch wenn es mir erst später bewusst wurde, so fühlte ich es doch bereits von Anfang an. Als Hali mich am Ende des Abends fragte, ob ich den Sommer über bei ihm wohnen wolle, überlegte ich auch nicht lange und sagte spontan „Ja!".

Hali stammt von Halirrothius, einem Sohn des Poseidon. Der Sohn des Meeres fuhr in diesem Sommer einen schwarzen Citroen, der nur noch eine Türe besaß. Hali hatte die Fahrertüre einfach ausgebaut! Das war sehr angenehm in Anbetracht der Hitze Kretas. Er sprengte einfach alles Gekannte, und ich liebte es.

Auf seinem riesigen Hochbett lagen nur ein paar Kleidungsstücke, ein Tagebuch, Papiere, eine große Wasserflasche und zwei alte Bücher in englischer Sprache verstreut herum. Eines der beiden Bücher hieß „Alexis Zorbas" von Nikos Kazantzakis. Es sollte noch einen besonderen Platz in unserem Leben einnehmen.

In dieser ersten, gemeinsamen Nacht hatte der warme Sommernachtswind sanft an einem feinen, weißen Baumwollvorhang geweht. Hali schob ihn beiseite und wir blickten gemeinsam in einen Himmel voller Sterne. Nie zuvor hatte ich einen Freund, der so zärtlich und gefühlvoll war und dessen Haut sich überall anfühlte wie feinster Samt. Das Sternenlicht ließ mich Halis Gesicht und Körper im Dunkeln genau erkennen. Er war schlank und muskulös. Mit seinen tief dunkelbraunen, beinahe schwarzen Augen lächelte er mich freundlich an. Wir streichelten und küssten uns. Nach einer Weile fühlte ich seinen Atem auf meinem Hals und meiner Schulter. Sanfte Küsse, die langsam leidenschaftlicher wurden, bedeckten mich schließlich überall. Seine Zunge fand ihren Weg zurück zu meinem Mund, während er in mich eindrang. Wir sahen einander in die Augen. Ich ließ mich fallen und schmolz unter seinen Berührungen, die mich verführten und immer weiter trieben, bis wir gemeinsam zum Höhepunkt kamen.

Am nächsten Morgen warf die Sonne helle Strahlen auf das große Bett. Erfüllt und glücklich betrachtete ich Hali, den ich jetzt schon liebte. Ich wusste bereits, dass ich mit ihm hier ewig leben könnte. Es war ein wunderbares Gefühl, in etwa so wie das Gefühl nach einer langen mühsamen Reise, mit ungewissem Ausgang, endlich zu Hause zu sein. Nachdem auch er wach wurde, lächelte er mich an und streichelte mich sanft. Wir liebten uns erneut. Der Orgasmus, den wir an diesem Morgen erlebten, erneuerte mein ganzes Leben. Mein tiefstes Innerstes war berührt und bestätigt worden. Es gab ja doch viele Männer, die sich für mich interessierten. Es gab auch einige, die ich geküsst hatte. Zu mehr reichte es bisher selten. Meiner Theorie nach musste ich dem richtigen Mann nicht erst erklären, wie ich berührt werden wollte. Ich mochte es einfach nicht, wenn ich das erklär-en sollte und glaubte daran, dass der Mann, der zu mir passte, ein Gefühl für mich haben würde. Dass er fühlen würde, was ich fühlte. Hali fühlte es. Seine Seele schwang auf derselben Frequenz wie meine.

Die Zeit stand still. Einen Moment lang waren wir Eins geworden. Manchmal braucht man zwei, um Eins zu werden. Es gab nur noch Hali und mich. Und diese seltene Vertrautheit zwischen uns, die auf nichts als einer gottgegebenen Liebe zueinander beruhte.

Während wir noch eine Weile auf dem Bett lagen fragte Hali mich unter anderem, ob ich denn in Deutschland einen Freund hätte. Seine ernsthafte Art führte dazu, dass sich augenblicklich Geborgenheit in mir ausbreitete. Ich sagte Nein und erfuhr, dass auch er alleine war. Einen Moment lang sah er mich melancholisch an. Unsere Energien strömten aufeinander ein, passten zueinander und ergänzten sich, wie ein Puzzelteil das andere. Ich fühlte, dass etwas sehr lange Ersehntes und voneinander Getrenntes sich endlich fand.

Sivas war eines der typischen kleinen Dörfer an der Südküste Kretas. Nichts hier war wirklich gerade gebaut, überall gab es Abweichungen, und genau das verlieh dem kleinen Dörfchen seinen umwerfenden Charme. Der kleine Dorfplatz bildete wie überall den Ortsmittelpunkt, und natürlich gab es auch hier eine kleine, weiße Dorfkirche. Um den Dorfplatz herum gruppierten sich mehrere kleine weiße Häuser, in deren Vorgärten etliche bunte Blumen und Grünpflanzen wuchsen, die von ihren Besitzerinnen täglich liebevoll gegossen wurden. Sternförmig gingen von ihm aus mehrere Gässchen ab, teils steil bergauf. In einem von ihnen lag auch Halis Haus.

Als Erstes krähte morgens der Hahn. Das Licht war bereits in den Morgenstunden sehr hell, während die Temperaturen jetzt noch angenehm waren. Gegen zehn Uhr begann ein geruhsames Treiben im Dorf. Zeit für unser Frühstück im Kafeneion. Danach schlenderte ich in den folgenden Wochen oftmals durch die Gassen Sivas und erkundete den kleinen Ort. Das Kafeneion war, sogar mehr noch als die Kirche, das soziale Zentrum des Dorfes.

Es war vornehmlich ein Zentrum für Männer. Hier tranken sie ihren Kaffee Elliniko, arabischen Mocca, spielten Backgammon und diskutierten über ihr tägliches Brot und die Politik. Frauen traf man im Kafeneion selten, doch es machte mir nichts aus, mit Hali hier zu frühstücken. Stets wurde ich von den Männern des Dorfes freundlich und gleichberechtigt behandelt.

Ein Bauer mit seinem Esel und der Käsehändler, der auf seinem Karren Käseräder ausgebreitet hatte, gehörten zum typischen Dorfbild. Die Haupteinkommensquelle der Menschen hier war die Landwirtschaft. Sie lebten von ihren Olivenhainen, dem Weinanbau und der Fischerei. Am Häufigsten aber begegneten mir an jenen Vormittagen die alten Frauen des Dorfes, die ganz in Schwarz, der traditionellen Kleidung der Witwen, gekleidet waren. Meist trugen sie ihre langen Haare zu Zöpfen gebunden. Das gefiel mir, es sah bezaubernd aus. Ich bewunderte sie, die Anmut ausstrahlten und mir wie niedliche kleine Madonnen aus einer anderen Welt erschienen. Mehr als einmal sprach mich eine alte Frau in der Gasse an. Den Versuch, ein Gespräch mit mir zu beginnen, beendeten sie schnell, denn ich sprach ja kein Griechisch. Dann folgte ein gütiges Tätscheln meiner Schulter, das stets mit einem freundlichen Lächeln verbunden war. Das gehörte einfach dazu.

Ich fühlte mich in Sicherheit und gut behütet in dem kleinen Dorf. Stets wurde ich von jedem sehr freundlich begrüßt, worüber ich anfangs wirklich erstaunt war.

Ich war es nicht gewöhnt, dass mir Fremde eine so freundliche Beachtung zukommen ließen. Als ich Hali davon erzählte, bemerkte er, dass es hier ein Wort für „Gast“ und „Fremder“ gab. Es lautete „Xénos“.

Jeden Mittag, wenn die Sonne erbarmungslos vom stahlblauen Himmel herab brannte, zog sich das ganze Dorf zur Mittagsruhe ins Innere der Häuser zurück, bis die größte Hitze überstanden war. Alle Fensterläden waren nun wieder geschlossen.

In der Mittagshitze liebten wir uns jeden Tag. Es war wie ein Rausch, von dem wir nie genug bekamen. Hali war unendlich zärtlich und doch leidenschaftlich zugleich. Seine Berührungen trugen mich jedes Mal, wie auf sanften Wellen, hinweg über Raum und Zeit. Die Nachmittage verbrachten wir meistens am Strand von Matala. Wenn ich schwamm, beobachtete Hali mich stets.

Als ich ihn einmal fragte, was er etwas gegen Wasser hätte, antwortete er nur: „Nichts, solange ich nicht nass werde.“

Oft lag ich in Halis Arm im warmen und weichen Sand und schaute aufs Meer, während er mir von Nikos Kazantzakis vorlas. In dem Abenteuer auf Kreta begegnet der Schriftgelehrte Basil dem farbenfrohen und vitalen Helden Alexis Zorbas. Alexis – und das ist das Wichtige – ein Mann des Volkes, lehrt den Gelehrten, wieder mit dem Herzen zu sehen. Etwas Grundlegendes an dieser Geschichte verband auch uns beide.

In gewisser Weise kann man sagen, dass Hali zu meinem Alexis wurde. Auch wenn ich zu diesem Zeitpunkt nicht ahnte, wie restlos sich mein Herz noch öffnen würde. Einmal erzählte er mir auch, dass Nikos Kazantzakis in der kretischen Hafenstadt Iraklio geboren sei, und schlug vor, mir irgendwann sein Grab dort zu zeigen. Ich war einverstanden.

Erst abends, wenn die Temperaturen milder und die Luft wieder frischer wurde, füllten sich, wie in allen Dörfern hier, auch die kleinen Dorfgassen Matalas erneut mit Leben. Die Kreter gingen nun einer ihrer Lieblingsbeschäftigungen nach, dem Volta. Das halbe Dorf schlenderte herum, führte hier und dort eine rege Unterhaltung und ließ sich schließlich irgendwo nieder. Die gelassene Lebensweise der Menschen, die nicht reich waren, aber doch alles zu besitzen schienen was sie brauchten, beeindruckte mich tief. Im Zuge dieser Abende lernte ich auch, was eine Parea ist, nämlich die Zusammenkunft von einer Dorfgemeinschaft, Familie oder Freunden, die zum Beispiel zusammen essen gehen. Fast jeden Abend trafen wir uns zum Essen mit Dimitrios. Manchmal brachte er noch einen Freund oder eine Freundin mit. Bestellt haben wir stets gemeinsam, und abgerechnet wurde per Kilogramm. Die Pommes frites wurden noch per Hand geschält und das Essen mit viel Olivenöl und Zitrone zubereitet. Niemand hier trank oder aß gerne alleine, und das tat auch niemand. Die Einsamkeit, mit der ich in Deutschland während der letzten Jahre fertig werden musste, war plötzlich weit weg.

So wie mit dem Schwimmen verhielt es sich übrigens auch abends, wenn wir noch tanzen gingen. Hali schwamm nicht und er tanzte auch nicht. Allerdings war er außergewöhnlich gebildet. Wir saßen gerade in einem Café in Matala, als unsere Unterhaltung begann. An der mir gegenüberliegenden Wand hing ein Plakat, das für den Besuch des weltberühmten minoischen Palastes in Knossos warb. Hali erwähnte, dass am südlichen Ende vom Komos Beach in minoischer Zeit vermutlich der Hafen von Phaestos lag, dem zweitgrößten minoischen Palast auf Kreta. Er erzählte mir, dass es wegen der minoischen Ausgrabungs-

stätten im Hinterland des Strandes ein generelles Bauverbot gäbe und schwärmte von der paradiesischen Bucht, die er mir unbedingt zeigen wollte.
„Hast du den Diskos von Phaestos schon gesehen?“, fragte er.
Die kleinen Bronzescheiben mit den eingestempelten Schriftzeichen sowie Stiere und die kleinen Doppeläxte, die es hier in jedem Souvenirshop als Anhänger zu kaufen gab, waren mir ja bereits aufgefallen. Jedoch konnte ich ihnen keinerlei Bedeutung zuordnen.
„Der Diskos von Phaestos stellt für die damalige Zeit eine unglaubliche Erfindung dar. Bis heute ist die minoische Sprache ein unschlüsseltes Rätsel und keiner Sprachfamilie zuzuordnen“, erklärte er.
„Und was hat es mit den Stieren auf sich?“
Hali stellte mir eine Gegenfrage: „Weißt du, warum Kreta die Wiege Europas ist?“
„Nein!“
„Zeus, der oberste der griechischen Götter, wurde auf Kreta geboren. Ein Sohn seines Bruders Poseidon hatte eine wunderschöne Tochter, Europa, die im Nahen Osten lebte. Zeus verwandelte sich in einen schneeweißen Stier, ging im Nahen Osten an Land und machte sich an Europa heran. Er schwamm mit ihr zurück nach Kreta. Europa gebar Zeus drei Söhne, von denen einer Minos hieß und König von Kreta wurde. Deswegen ist Kreta die Wiege von Europa!“
Hali lachte und fuhr fort: „Spaß, Linda!
Die minoische Kultur ist die Wiege der europäischen Kultur. Jahrtausende vor Christi Geburt

entwickelte sich auf Kreta eine Hochkultur, lange bevor die griechischen Stadtstaaten Athen und Sparta entstanden“, erläuterte er kurz.
„Aber zurück zu den Stieren. Zu seiner Regentschaft schenkte Zeus Minos die Gesetze, und sein Bruder Poseidon überrgab ihm einen weißen Stier. Diesen sollte Minos opfern. Er opferte jedoch einen weniger schönen Stier, was die Götter hart bestraften. Seine Frau Pasiphae verliebte sich nämlich in den wunderschönen weißen Stier und begehrte ihn so sehr, dass sie mit ihm einen Sohn zeugte, den Minotauros. Dazu hatte Daidalos, der berühmteste Erfinder Athens, eigens ein Gerüst für sie gebaut. Der Minotaurus war ein monströser Junge, mit einem Stierkopf, der Menschenopfer verlangte. Daidalos, der Arme, der damals auf Kreta in der Verbannung lebte, sollte nun das wieder Problem lösen. Er ließ ein Labyrinth bauen, in dessen Mitte der Minotauros gefangen gehalten wurde. Minos führte mehrere Kriege gegen die Griechen und zwang die Athener, fortan jedes Jahr neue Jungfrauen und junge Männer nach Kreta zu schicken, um diese dem Minotauros zu opfern.“
„Sie brachten Menschenopfer dar?“, warf ich erstaunt ein.
„Menschenopfer!“, empörte Hali sich lächelnd.
Tatsächlich dachte er gerade, dass es außer Stier- und anderen Tieropfern, um die Götter milde zu stimmen, keine weiteren Opfer gegeben hatte.
„Der Stier ist ein Symbol für Fruchtbarkeit und Macht, und der Minotauros ist ein Symbol für die Strafen der Götter, wenn man diese missbraucht“,

fuhr er fort und zwinkerte mir dabei mit dem linken Auge zu. Aufgrund dieses sagenumwobenen Mittags erübrigte es sich für mich, die historischen Stätten Kretas noch zu besichtigen. Doch bei nächster Gelegenheit besuchten wir umgehend Halis Freund Jean, um mit ihm gemeinsam an den Komos Beach zu fahren, an dem wohl einst der Hafen von Phaestos lag.

Jean, ein groß gewachsener Franzose, trug seine langen, hellblonden Haare meist zu einem Zopf gebunden. Als selbsternannter Fischer lebte er von dem, was das Meer ihm überließ, dem, was er in seinem Garten anpflanzte, und ein paar Gelegenheitsjobs als Tischler. Hali schwankte damals noch zwischen den Gedanken Selbstversorger oder Filmemacher zu werden oder doch Mineralienhändler zu bleiben. Letztendlich hielt er sich für jemanden, der sich nicht wirklich dazu eignete, ein guter Geschäftsmann zu sein. Er bewunderte Jean, der den Traum vom Selbstversorger verwirklicht hatte. Auf der Fahrt nach Kalamaki, einem verschlafenen Fischernest, erzählte Jean mir einen Witz, den hier jeder kannte.
In Kamilari, dem Nachbardorf von Kalamaki, hatte eines Tages ein Kellner seinem ausländischen Gast „Guten Tag“, auf Griechisch „Kali mera“, gesagt. Der Gast bestand darauf, dass er nicht in Kali mera, sondern in Kamilari sei. Außerdem wollte er Kalamari, also Tintenfisch, essen.
Der Kellner, der ihn ebenso wenig verstand, erwiderte auf Griechisch: „Es heißt nicht Kamilari

und nicht Kalamari, es heißt Kali mera!“
Da wurde der Gast, der dachte, dass der Kellner ihm nichts zu essen bringen wolle, wütend. Er zog seine Jacke wieder an und verließ das Lokal mit den Worten: „Dann gehe ich eben in Kalamaki essen!“
Ich antwortete lachend: „Kali mera, Kamilari, Kalamari, Kalamaki? Klingt tatsächlich alles ziemlich gleich!“ Auch Jean und Hali lachten laut, vermutlich über meine Aussprache.
Kalamaki bestand nur aus einem plattgewalzten Erdweg und einer Handvoll Häusern. Der Komos Beach war viel breiter und mehr als fünfmal so lang wie die Bucht von Matala. Im wüstenähnlichen, hügeligen Hinterland entdeckte ich in der Ferne die archäologischen Ausgrabungsstätten, verspürte aber nicht den Wunsch, sie mir näher anzusehen. Wir gingen etwa zehn Minuten am Strand entlang, bis wir das kleine Ruderboot von Jean erreichten.
Es war lediglich mit einem Seil an einem Holzpfahl befestigt. In ihm lagen ein paar kleine Netze und eine Angel. Der lange Strand war so gut wie menschenleer. Jean konnte sein Boot unbesorgt den ganzen Sommer über hier liegen lassen. Nicht lange nachdem wir das Ufer verließen und Jean ein Netz auswarf verfing sich eine etwa einen Meter lange Meeresschildkröte darin. Er musste mit seiner ganzen Kraft das Netz festhalten. Die große Unechte Karetta Karetta bewegte sich heftig in ihrer Not und verwickelte sich immer stärker im Netz. Bevor es zu einem gordischen Knoten wurde hielten Hali und ich es fest. Jean schnitt es

auf. Wir brauchten unsere gesamte Kraft, um das Netz, samt der in Panik geratenen Schildkröte, festzuhalten. Jean schätzte sie auf mindestens einhundert Kilogramm. Ausgewachsene Exemplare dieser Art, sagte er, wiegen bis zu einhundertfünfzig Kilogramm. Schließlich schwamm unsere Schildkröte befreit davon. Noch etwas erschüttert von dem Spektakel, beschlossen wir, zurück an den Strand zu rudern und zu den Brutplätzen der Schildkröten, am Ende der Bucht, zu spazieren. Nur die Weibchen kehren zwischen Juni und August nachts an den Strand, um ihre Eier im Sand zu vergraben. Wenn die Jungtiere geschlüpft sind, kehren auch diese zurück ins Meer, erzählte Jean.

Während wir den Strand entlangliefen, fanden sich Halis und meine Hand wie immer, mit einer Selbstverständlichkeit, die für uns selbst den Anschein machte, als würden wir seit Jahren zusammen sein.

Nie zuvor sah ich eine Meeresschildkröte in freier Natur. Sie war so wunderschön und erhaben, dass ich beinahe den ganzen Weg zu ihren Brutplätzen über betete, dass sie noch lange überleben würden. Die Sandhaufen, unter denen die Weibchen ihre Eier abgelegt hatten, erinnerten mich an die Urgewalt der Natur. Bildhaft stellte ich mir vor, wie die vielen Schildkrötenmütter hier des Nachts an dem riesigen und menschenleeren Sandstrand ihre Eier vergruben, um ihre Nachkommen und das Überleben ihrer Art zu schützen. Ich kam mir vor wie an einem fernen Ort, auf einem mystischen Planeten, fernab jeder Zivilisation. Auch der Sonnenuntergang, den wir an jenem Abend erlebten, war ein vollkommenes Ereignis. Einem glutroten Feuerball gleich sank ihre Majestät langsam tiefer, die satten Blautöne eines gigantischen Himmels und Meeres kontrastierend, bis sie schließlich am endlosen Horizont unterging.

Eines Abends schlug Hali vor, einen Ausflug in ein anderes Dorf zu machen, dessen Namen ich vergessen habe. Nach einem üppigen Abendessen in einer Taverne mit Meerblick besuchten wir noch eine Open-Air-Diskothek am Strand. Hali kannte die schönsten Orte der Insel. Ich hatte schon mehrere Metaxa Cola intus und drehte gerade auf der Tanzfläche zur Höchstform auf, als Hali plötzlich nach Hause wollte.
Ich ließ mich zwar irgendwie überreden, die Diskothek zu verlassen, bekundete aber vor der Türe, nicht ins Auto einzusteigen. Dies führte zu einer grässlichen Diskussion, die damit endete, dass Hali schreiend und hupend neben mir her fuhr und versuchte mich aus dem Auto heraus zu überreden, einzusteigen. Doch Druck erzeugte bei mir nur Gegendruck. Ich bestand nun trotzig darauf, dort zu bleiben. Hali fuhr wütend und enttäuscht nach Hause und ich ging zurück in die Diskothek.
Die Musik war einfach genial. Aus den Lautsprechern tönten Bob Dylan, Led Zeppelin und die Stones, guter alter Rock. Das alles unter freiem Himmel, in fantastischster Atmosphäre, direkt am

Strand. Was konnte man mehr wollen? Und was sprach dagegen? In meinen Augen nur der Regelkatalog für katholische deutsche Mädchen, einst aufgestellt von meinen besorgten Eltern. Eine völlig überflüssige Einschränkung. Wer sollte ich sein, wenn ich nicht ich selbst sein durfte? Ich, Linda, Tochter aus gutem Hause, würde mir den Spaß am Leben nicht erneut verderben lassen! Gerade hatte ich mit Ach und Krach das Abitur bestanden und war achtzehn Jahre alt geworden. Ich wollte frei sein und Spaß haben.
In der Open-Air-Disco lernte ich zwei Griechinnen und einen Franzosen kennen, die mich am Ende der Nacht einluden, bei ihnen zu übernachten. Wir fuhren lange durchs Inland und kamen schließlich in ein romantisches kleines Dorf. Meine neuen Freunde wohnten dort zu dritt in einem alten kretischen Steinhaus. Wir verstanden uns nun so gut, dass aus der geplanten Übernachtung mehrere Tage wurden. Doch ich vermisste Hali und trampte zurück nach Matala.

Ein Pick-up, der die Küstenstraße entlangfuhr, hielt an und deutete mir, dass ich hinten auf die Ladefläche aufsteigen könne. Der Gedanke, Hali bald wiederzusehen, erfüllte mich mit einem guten und warmen Gefühl. Trotzdem war ich aufgeregt. Auch wenn ich wusste, dass Hali mich liebte, so wusste ich nicht, wie er reagieren würde. Ich fragte mich, was er wohl tun würde, wenn er mich wiedersehen würde. Und konnte keine Antwort finden. Der warme Wind wehte mir um den Körper

und ich atmete die frische Meeresluft tief ein, während wir Richtung Matala fuhren. Die Sonne strahlte hell, heiß und unnachgiebig auf mich herab. Ich beobachtete Kretas wunderbare Natur. Auf der einen Seite lag das tiefblaue Meer unter einem unendlichen, strahlend blauen Himmel. Auf der anderen Seite bildete sich das wüstenartige Hinterland langsam und weitläufig zu steilen Bergen empor. Die gesamte Kulisse flimmerte in der Mittagshitze. Auch die Architektur der Kreter fand meinen Gefallen. Entweder waren die kleinen Häuser weiß gekalkt, mit flachen Dächern, oder aus hellen Felssteinen gebaut, mitunter zweistöckig. Oft hatten sie einen großen Dachgarten. Über eine kleine Steintreppe oder eine anlehnende Holzleiter gelangte man dorthin. In den Vorgärten blühten wunderschöne Rosen.
Während der Fahrt fiel die innere Unruhe, die sich in Anbetracht unseres kommenden Wiedersehens in mir breit gemacht hatte, wieder von mir ab. Ich vermutete, dass das Paradies nicht schöner sein könne.
Schöner hätte auch Halis und mein Wiedersehen nicht sein können. In Matala angekommen, ging ich bis ans Ende der Bucht und von da aus hinunter zum Strand in Richtung der Höhlen. Hali war nirgendwo zu sehen. Doch als ich etwa die Hälfte des Weges zurückgelegt hatte, sah ich vom anderen Ende der Bucht aus eine männliche Gestalt auf mich zukommen. Als wir einander erkannt hatten, liefen wir die letzten Meter, die uns noch trennten, aufeinander zu und fielen uns in die Arme. Lange blieben wir stehen und küssten

uns. Ich vergaß alles um mich herum. Unser Kuss schien nie mehr aufzuhören. Abends, in Sivas, erzählte Hali mir, dass er jeden Tag zu den Höhlen gegangen sei, in der Hoffnung, mich dort zu treffen. Er stellte mir keine Fragen. In jener Nacht aber versprachen wir uns, künftig zusammenzubleiben.

In der folgenden Zeit wurde der Komos Beach unser Lieblingsstrand. Für uns war er der schönste Strand der Welt. Durch das kristallklare, saubere Wasser konnte man bis auf den feinsandigen Meeresboden hinabsehen. Sogar wenn das Wasser schon die Hüfte umspülte, konnte man den Grund noch sehen. Nach dem Baden erschienen mir oftmals alle meine Zellen wie erneuert.

Stundenlang saßen oder lagen wir unter den Bäumen und schauten hinaus auf das Meer, auf einen endlosen Horizont, während sich die Meereswellen in ihrem ewigen Tanz auf den Strand rollten und sich wieder von ihm zurückzogen. Nur das Zirpen einzelner Zikaden war zu hören, und ab und an streichelte uns eine leichte Brise. Hier war ein Ort der absoluten Stille, die nichts und niemand störte. Jeden Tag stand die Sonne hoch und gleißend an einem immer wolkenlosen, stahlblauen Himmel. Vielleicht trug das Blau des Himmels dazu bei, dass ihr Licht hier so strahlte. Es besaß eine besondere Tönung, eine so einzigartige Helligkeit, und erinnerte mich an einen Diamanten. Eine vollkommene und mit Licht durchflutete Weite tat sich in mir auf. Die Zeit flog an uns vorbei, wie weiße Vögel am endlos blauen Himmel, so als interessiere sie sich nicht für uns.

Einmal blieben wir sogar bis zum nächsten Morgen am Komos Beach. In dieser Nacht brachte Hali meine tiefsten Emotionen in Wallung. Er fühlte jede kleinste meiner körperlichen und seelischen Regungen und ging auf sie ein. Wellen strömender Energie stiegen zu meinem Herzen auf und durchfuhren schließlich meinen ganzen Körper. Die Energie ergriff mich so stark, dass ich heftig weinte, als sie mein Herz erreichte. Ich fühlte eine lange vergessene Freiheit.
Hali war meine Heilung, mein Glück und mein schönster Spiegel. Der Spiegel einer tiefen und wahren Liebe, die schon in mir ruhte und die er damals entfesselte. Einer Liebe, der er zur Geburt verhalf und die mit ihm endlich erblühen durfte.
Den strahlenden Sternenhimmel, den wir in dieser Nacht sahen, werde ich ebenfalls nie vergessen. Unser Lagerfeuer, die Sterne und der zunehmende Mond waren das einzige Licht, das die milde und klare Nacht erhellte. Irgendwann erlosch die letzte Glut, aber es wurde nicht dunkel. Wir lagen auf dem Rücken und erblickten unzählige glitzernde, helle Sterne, von denen die alten Griechen glaubten, sie seien Splitter von Diamanten. Wahrlich überzogen sie das tiefdunkle Firmament wie Brillanten. Sie, die seit jeher den Menschen als Wegweiser dienten und zudem die Hüter der Liebe und des ewigen Lichts genannt wurden.

Stellenweise formierten sie sich zu großen Haufen, oder sie funkelten einzeln, jeder für sich, auf uns herab, inmitten der tiefen Unendlichkeit des Alls. Direkt über uns und doch Lichtjahre entfernt strahlten die Sterne im reinsten Licht der Welt. Wir staunten über dieses wunderschöne und endlose Universum. So und nicht anders hatte alles begonnen.

Wie Löwen

Endlich, nach sechs Wochen des Sehnens, erhielt ich einen Brief von Hali. Er schrieb, dass er mich in München abholen könne. Meine kleine Einliegerwohnung im Haus meiner Eltern hatte ich bereits aufgelöst, und meine wenig begeisterten Eltern sahen mich, mit Angst im Herzen, ein neues Leben in der Fremde beginnen. Denn als sich der erste Sommer unserer Liebe seinem Ende zuneigte, hatte Hali mich gefragt, ob ich mit ihm zusammenleben wolle.

Ich rief ihn in Chania an. Es war wie ein Wunder, seine Stimme wieder zu hören, und ich weiß noch, wie ich eine Woche später zur Türe rannte, vor der ein bis über beide Ohren lächelnder, innerlich vor Freude bebender Hali stand und ich ihm in die Arme fiel. Schließlich erstand er einen uralten, weißen Mercedes und unserer Rückfahrt, die wir mit einem Trip durch Europa verbanden, stand nichts mehr im Wege.

Der Löwe, der König der Tiere, geht niemals den unteren Weg. Mutig und stolz brüllt er seine Wahrheit in die Welt hinaus, Anpassung und Kompromiss zählen nicht zu seinem Vokabular. Getragen von nichts als der Kraft unserer Liebe, steuerten auch wir mutig einem neuen, abenteuerlichen und ungewissen Leben entgegen.

Angekommen in Amsterdam, besuchten wir als erstes einen Coffeeshop. Menschen von sechzehn bis sechzig Jahren saßen in dem vollen Café, inmitten von dichten Rauchschwaden und lauter Musik. Der Verkäufer zeigte uns die verschiedenen Sorten Haschisch und Marihuana, die er hatte. Mit ein wenig schwarzem Kaschmir verbrachten wir den Abend träumend und schlafend im Auto unter unseren Schlafsäcken, auf den nach hinten heruntergelassenen Vordersitzen. Vor der Weiterfahrt, am nächsten Morgen, schmissen wir dann das übrig gebliebene bisschen Haschisch weg.

Irgendwann erreichten wir die französische Grenze und zwei Grenzbeamte, mit blauen Uniformen und Schlagstöcken, kontrollierten unsere Papiere und winkten uns anschließend an die Seite.

Mit ernsthafter Miene sagte einer von ihnen unfreundlich: „Mitkommen!“

Mein Magen zog sich leicht zusammen. Wir wurden in separate Räume geführt, mussten uns ausziehen und uns mit dem Gesicht zur Wand, mit über dem Kopf ausgestreckten Armen, hinstellen. Während ich von einer Grenzbeamtin begutachtet wurde, durchsuchten zwei weitere Beamtinnen meine Kleidung. Wut über diese erniedrigende Behandlung, die ich mir nicht anmerken ließ, stieg in mir auf. Anschließend wurden wir von den Grenzbeamten zurück zum Auto geführt. Sie durchsuchten noch meine Kosmetiktasche, unsere Rucksäcke, die Autositze und die Seitenfächer des Autos, bevor sie schließlich streng „Weiterfahren!“ sagten.

Hali und ich sahen einander recht beklommen an. Hätten die Beamten bei uns Drogen gefunden, wäre unsere Reise nun, in Untersuchungshaft, im französischen Gefängnis geendet. Oft betrachtete Hali mich von der Seite und lächelte, während er fuhr und ich die verregnete, vorbeirauschende Landschaft betrachtete. Er sah nur an sich herunter, als ich ihn einmal fragte, warum er oft so lächeln würde. Erst als er meine Hand nahm und sie auf sein hartes Geschlecht legte, verstand ich. Wir lachten, und er sagte, das passiere ihm dauernd, wenn er mich nur ansähe. Irgendwie machte mich das stolz. Ich freute mich und fühlte mich wie eine Königin, gekrönt von seiner Sehnsucht, seinem Begehren und seiner Liebe.

In Italien besserte sich das Wetter wieder, und nach einer sonnigen Tagesfahrt durch die Berge erreichten wir Venedig. Einst auf einhundertzwanzig Inseln erbaut, wurde Venedig von einhundertsiebenundsiebzig Kanälen durchzogen und war durch vierhundert Brücken miteinander verbunden. Gondeln, diese ehemaligen Fortbewegungs- und Transportmittel in der Stadt, waren heutzutage wohl eher eine Touristenattraktion. Für mich aber war ein Liebespaar in einer Gondel immer noch das Inbild der romantischen Liebe. Vor meinem inneren Auge sah ich Hali und mich schon eng umschlungen und einander küssend in einer alten Gondel einen Kanal entlangschippern. Ich umarmte ihn und küsste ihn mehrmals. Hali lächelte nur sanft und streichelte meinen Arm. Ja, ich träumte von Gondeln, als wir uns nun Venedig näherten, und fühlte mich von Hali ebenso geliebt wie Goethe seine Liebe einst in einem seiner Venezianischen Epigramme mitteilte.

„Immer behalt ich die Liebste
begierig im Arme geschlossen,
Immer drängt sich mein Herz
fest an den Busen ihr an,
Immer lehnet mein Haupt an ihren Knien,
Ich blicke nach dem lieblichen Mund,
ihr nach den Augen hinauf.
Weichling! schölte mich einer,
und so verbringst du die Tage?“

Wir hielten auf einem großen Parkplatz außerhalb des Zentrums und verbrachten dort die Nacht. Zunächst stritten wir jedoch darüber, ob wir in die Stadt gehen oder besser im Auto bleiben sollten. Hali hielt es für gefährlich, es war gegen Mitternacht, nun Venedig zu erkunden. Doch ich wollte wenigstens die Piazza San Marco, Venedigs berühmtesten Platz, sehen. Hali saß im Auto und schwankte zwischen dem Gedanken, mir zu folgen und mich zurückzuholen oder einfach zu warten und seinen Willen zu behaupten. Die Piazza war menschenleer gewesen. Nur der Vollmond hatte das dunkle Pflaster erhellt. Dieser Ort wirkte so mysteriös, und ich dachte an Liebe und Tod, als ich in jener Nacht einen ersten Eindruck von Venedig bekam. Nach einer halben Stunde, als Hali sich gerade auf den Weg machen wollte, um mich zu suchen, kehrte ich wieder zum Parkplatz zurück. Vor dem Auto stand Hali, mit einer Rose in der Hand, die er in einem der Vorgärten der an-

liegenden Villengegend gepflückt hatte.
Er sagte nur: „Ich liebe dich. Bleib bei mir, Linda.“
Es war ihm ernst.
So schrieb Goethe in einem weiteren Venezianischem Epigramm:

„Ist es dir ernst, so zaudre nun länger nicht,
mache mich glücklich!
Wolltest du scherzen?
Es sei, Liebchen, des Scherzes genug!“

Am nächsten Morgen erkundeten wir Venedig. Die ganze Stadt erschien mir ein einzigartiges, architektonisches Meisterwerk zu sein. Den Mittelpunkt des historischen Zentrums bilden die Piazza San Marco mit der Basilika di San Marco und der danebenliegende Dogenpalast, der Palazzo Ducale. Zu Ehren des Apostels Markus veranlasste ein Doge einst den Bau der Markuskirche, das wohl berühmteste Beispiel byzantinischer Kunst außerhalb Konstantinopels. Hinter dem Dogenpalast stand, auf einer von zwei großen Granitsäulen, der geflügelte Markuslöwe, das Wappentier Venedigs. Seine Flügel zeigen seinen himmlischen Ursprung an. Im Buch des Propheten steht geschrieben, dass Echeziel ein Menschengesicht, ein Stiergesicht, ein Löwengesicht und ein Adlergesicht sah, welche in der Offenbarung des Johannes erneut am Thron Gottes erschienen. Jedem der Gesichter wird traditionell ein Evangelist zugeordnet, so dem Löwen entweder Johannes oder Markus. Wenn auch moderne Interpretationen davon ausgehen, dass die vier Geschöpfe symbolische Vertreter des Wesen Gottes sind. Der Markuslöwe ist das Symbol des Evangelisten Markus. Er, der Bischof von Alexandria und Begründer der koptischen Kirche, wurde von Ungläubigen umgebracht. Venezianische Seefahrer raubten seine Reliquien, und sie brachten sie – im Zuge der größten Plünderungen des Mittelalters – dann nach Venedig. Markus wurde zum Stadtheiligen ernannt und Venedig zu einer der größten Pilgerstätten Europas.

„Als die Venezianer die Ägäis kolonialisierten wurde Kreta ihre wichtigste Kolonie im östlichen Mittelmeer und La Canea ihr Kolonialzentrum.“, erzählte Hali mir.

„La Canea?“ warf ich fragend ein.

„Ja, die Hafenstadt Chania wurde zu einem ihrer bedeutsamsten Handelsstützpunkte auf Kreta. Die Venezianer übernahmen die Feudalgüter und die Regierung. Die einfache Bevölkerung wurde versklavt. Zuerst revoltierten die kretischen Adeligen. Dann folgten große Volksaufstände. Alleine die von Kallergis angeführten Revolten dauerten an die zehn Jahre. Nach dem Bauernaufstand in der Lassithi Hochebene wurde dort für fast hundert Jahre die Bestellung des Landes verboten. Wer sich nicht daran hielt dem wurde ein Fuß abgeschlagen oder er wurde enteignet.“, antwortete Hali.

Ich nahm seine Worte schweigend zur Kenntnis, ohne mir über das Ausmaß des Grauens, das die Kreter ertragen mussten, tatsächlich im Klaren zu sein und überredete ihn, eine Gondelfahrt zu machen. Er war einverstanden. An den Anlegestel-

len des Canale Grande warteten die Gondeln, wie bei uns die Taxis, auf zusteigende Fahrgäste. Wir setzten unsere Sonnenbrillen auf und ließen uns schweigend den großen Kanal hinaufschippern.
Ganz Venedig schien aus Palästen, Kirchen, Galerien, Museen, Opernhäusern sowie aus zahllosen Baudenkmälern und kulturellen Schätzen zu bestehen. Wie viel der historischen Pracht und des immensen Reichtums war einst mit Blut bezahlt worden? Durch die Überschwemmungen und die Landabsenkung würde die Zerstörung der alten Bausubstanz nun ein ernst zu nehmendes Problem, erzählte uns der Gondoliere. Die Denkmäler einer blutrünstigen Epoche sind nun selber dem Untergang geweiht, dachte Hali.

Am folgenden Tag brachen wir früh auf und verließen Venedig. Am Meer entlang fuhren wir, mit Ausnahme einer nächtlichen Rast, durch bis nach Athen. Die Stunden auf dieser Reise, in denen wir uns liebten, und auch all die Stunden, in denen wir schweigend nebeneinander saßen, Musik hörten und in Richtung Sonne fuhren, möchte ich nie missen. Genauso wie all jene Stunden, in denen wir die Musik leise stellten und uns unsere Lebensgeschichten erzählten. Ich wünschte mir nur, dass unsere Liebe niemals enden würde. Hali fühlte bereits seit unserer Ankunft in Venedig wie schon Goethe sich damals hier gefühlt hatte.
So schließt hier ein letztes der Venezianischen Epigramme von Goethe:

„Oftmals habe ich geirrt
und habe mich wieder gefunden,
Aber glücklicher nie;
nun ist dies Mädchen mein Glück!
Ist auch dieses ein Irrtum,
so schont mich ihr klügeren Götter,
Und benehmt ihn mir erst drüben,
am kalten Gestad.“

Die zwei Schlüssel zum Paradies

Der erste Schlüssel zum Paradies war ein echter Schlüssel aus Stahl. Mit ihm öffnete sich eine alte, türkis gestrichene Holztüre, die direkt in ein schneeweißes kleines Steinhäuschen führte. Das Weiß und Türkis der Häuser passte zu dem unverwechselbaren und hellen Licht, das es nur in der Ägäis gibt. Die kleinen Dörfer fügten sich auf diese Art wie hingerollte Perlen in die karge, steinige und wüstenähnliche Landschaft ein. Unser Haus stand jedoch ganz alleine im Hinterland des verschlafenen kleinen Fischerdörfchens Kalamaki.
Die Freundlichkeit, mit der ich auch hier aufgenommen wurde, entsprach der Sitte. Sie gehörte einfach zur kretischen Mentalität. Überall konnte ich, auch nachts, alleine herum spazieren. Hier gab es keine Kriminalität. Durch das mit Olivenhainen kultivierte Hinterland führten schmale und steinige Wege durch die hügelige Landschaft, und die einzigen Menschen, denen ich auf meinen Spaziergängen hier begegnete, waren der Bauer oder ein Hirte. Vereinzelt wuchsen hier sogar wilde Feigen- und Granatapfelbäume.
Der Winter verflog so schnell wie ein Laubblatt, das in kreisenden Bewegungen vom Baum hinabsegelt. Es war ein milder Winter. In dem geschützten Tal machte er uns nicht zu schaffen. In manchen Bergdörfern schneite es, doch an der Südküste war das Klima mild und sonnig. Nur vereinzelt gab es ein Gewitter, bei dem sich der endlose

Himmel in ein sehr imposantes Schauspiel verwandelte. Das kräftigste Lila, das satteste Dunkelblau und einzelne Flecken von reinstem Hellblau wurden von leuchtenden Streifen aus Rosa und Apricot durchzogen, bis es, nach Blitz, Donner und Regenguss, wieder aufklarte.
Ohne eine Uhr zu besitzen, folgten wir ganz unserem persönlichen, körperlichen Rhythmus. Mit der Zeit glich sich dieser von selber dem der Natur an. Ich verspürte einen alles umfassenden Einklang. Wir lebten ungestört von Smog, Lärm und Asphaltierung, ohne Angst vor Mobbing, Arbeitslosigkeit und Überfällen und all dem anderen, unter dem der durchschnittliche mitteleuropäische Großstädter sonst noch täglich zu leiden hat. Mein Körper und mein Geist beruhigten sich im Rhythmus der Ordnung der Natur. An den paradiesischen und friedlichen Orten Kretas lebten wir einen glücklichen Traum, von Tagen, die nie enden sollten.

Vangelis, Delia, seine liebe Freundin, Kostas und Christos, Hali und ich saßen philosophierend vor der letzten Glut des Lagerfeuers am Strand von Preveli, als Delia erzählte mir, dass im Museum des Klosters von Preveli, das abgeschieden über der benachbarten Bucht lag, wertvolle Ikonen zu besichtigen seien. Einst war es eines der reichsten und schönsten Klöster Kretas. Das Kloster war für Vangelis ein Thema, mit dem er eine Woche hätte füllen können. Daher war Delia darüber so gut informiert. Es war früher eines der wichtigsten Zen-

tren des kretischen Widerstandes, vor allem gegen die Türken, gewesen. Hier plante man Widerstandsaktionen und bot Rebellen ein Versteck.
Anstatt jedoch unser Gespräch aufzugreifen und über das Kloster zu reden lachte Vangelis Christos und Kostas plötzlich aus: „Wie ist es mit euch? Am besten werdet ihr Mönch. Ab mit euch ins Kloster!“
Beide hatten schon seit Langem keine Freundin, was nicht an ihrem guten Aussehen lag. Christos grinste nur und Kostas antwortete: „Ich gehe nach Arkadi!“, wobei er etwas verrückt in sich hineinlachte.
„Was ist Arkadi?“, fragte ich nichts ahnend.
„Arkadi ist ein Kloster, in der Nähe von Rethymnon“, antwortete Kostas nur.
Er zog einen 100-Drachmen-Schein aus seiner Hosentasche und reichte ihn mir. „Hier – Arkadi“, sagte er nur.
Im Schein des Lagerfeuers blickte ich auf den zerknitterten alten Geldschein. Einen Moment lang sprang die Glut des Feuers im Hintergrund hoch. Wie ein Funke kam mir der Gedanke eines großen Feuers in den Sinn.
Ich gab Kostas den Schein zurück.
Schweigen!
Erst viel später, als ich ihn einmal fragte, warum der 8. November ein Nationalfeiertag ist, erzählte Hali mir, dass Arkadi ein kretisches Nationalheiligtum ist. Mönche, Partisanen, Frauen und Kinder, Junge und Alte, etwa eintausend Menschen, hatten dort vor den türkischen Besatzern Schutz im Kloster von Arkadi gesucht. Gegen die

über zehntausend Mann starke türkische Armee hatten sie dennoch keine Chance. So schossen sie, unter der Leitung des Abtes, auf das Munitionsdepot und sprengten sich selbst in die Luft.
Kostas ergriff erneut das Wort: „Die griechisch-orthodoxe Kirche auf Kreta ist eine Kirche des Volkes. Sie hat ein hohes Ansehen, doch viele Klöster haben heute Probleme, Nachwuchs zu finden. Vielleicht sollte ich es ja wirklich mal als Mönch versuchen!“
Christos, der sich alles geduldig angehört hatte, flüsterte in die Stille: „Ich will nicht ins Kloster! Ich gehe nach Anogia.“ Das Bergdorf Anogia liegt, unweit von Iraklio, am Fuße des Ida-Gebirges. Über einen Pfad gelangt man vom Dorf aus zur fruchtbaren Nida-Hochebene, am Fuße des Psiloritis. „Anogia ist das Zentrum von Kretas Schaf- und Ziegenzucht“, erklärte er kurz.
Vangelis und Kostas verdrehten die Augen.
Christos grinste und erwiderte schrill: „Ich will nicht wegen der Schafe dorthin!“
Die Musiker der Familie Xilouris stammten aus Anogia, und in ihrer Musik spiegelten sich, Christos Ansicht nach, die tiefsten Regungen der kretischen Seele.
Während all dessen dachte Hali darüber nach, ob es nicht das Beste sei, sich in Zonania niederzulassen. Das Bergdorf, hoch auf dem Psiloritis gelegen, folgte seinen eigenen Gesetzen und manche dort lebten vom Haschischanbau. Jeden-falls erzählte man das. Anlässlich des Fundes einer Haschischplantage hatte es dort Schießereien mit der Polizei gegeben. Es wurde auch gesagt, dass

man in Zonania nur Haschisch in größeren Mengen kaufen könne, wenn man bereits mindestens einmal in seinem Leben im Gefängnis war. Hali graute es gerade bei dem Gedanken daran. Er verwarf seine Idee wieder, ohne sie zu äußern. Zonania schien also auch kein guter Ort für freiheitsliebende Pazifisten zu sein. Zumindest schien das so.
Das Feuer erlosch.
Hali war mit dem Kopf in meinem Schoß liegend eingeschlafen. Als ich wieder aufwachte, sammelten die Männer bereits Holz, um frischen Fisch zu grillen.
Prevelli, die bezaubernde Palmenoase, lag in einer großen Schlucht, die in eine geschützte Bucht mündete. Ein kleiner Fluss führte inmitten der Schlucht hinab zum Strand und floss dort ins Meer. Ich hatte beinahe das Gefühl, an einem tropischen Ort zu sein. Alles strahlte hier lichthaft, das Wasser, die Pflanzen, die Berge, die Luft und der Himmel. Erst am frühen Abend machten wir uns wieder auf den Heimweg.

Auf der Rückfahrt erzählte Hali mir noch von einer weiteren Revolte der Kreter. Selbst den Bischof von Kreta richteten die Türken hin. Ihre Grausamkeit reichte bis zur öffentlichen Häutung und Hinrichtung, auch Frauen und Kinder verschonten sie nicht. „Erinnerst du dich noch an unseren Ausflug nach Elafonissi?“, fragte er. „Ja!“ Wie hätte ich die traumhaft schöne Lagune, am Südwest Zipfel Kretas, auch je vergessen können?

Auf deren Sandbänken fanden Hali und ich Hunderte feiner, länglicher, rosa Korallenhörnchen. Das Licht an diesem Ort war die reinste Magie. Das Meer schillerte mal wie ein Smaragd, mal wie ein Aquamarin und an anderen Stellen wiederum wie ein Topas. Der feine Sandstrand war nahezu weiß und der Himmel über uns strahlte in leuchtendem Hellblau.
„Achthundert Frauen und Kinder flüchteten an den Strand und wurden dort ermordet“, erzählte Hali traurig und setzte damit meinen paradiesischen Gedanken an Elafonissi ein jähes Ende.
„Unter der Herrschaft der Osmanen rebellierte am Ende ganz Kreta. Die Osmanen waren die grausamsten Besatzer“, sagte er noch.
Entsetzt starrte ich vom fahrenden Auto aus in den jetzt stahlblauen, endlosen Himmel. Stahlblau und Zinnoberrot vor meinem geistigen Auge. Noch zu Beginn des neunzehnten Jahrhunderts färbte in Elafonissi das Blut der Leichen der Frauen und Kinder das Wasser rot. Die unfassbare Grausamkeit mancher Menschen erschütterte mich zutiefst und ließ mich sprachlos zurück.
Entlang der bizarren Ausläufer des Ida-Gebirges führte eine breite, asphaltierte Küstenstraße von Preveli nach Matala. Wilder Thymian, Salbei und Rosmarin wuchsen dort in großen Mengen. Umgeben vom intensiven Duft der Kräuter wanderten wir, während einer kurzen Rast, durch die zerklüfteten Felsen und atmeten Frieden.
Meine Traurigkeit über die historischen Ereignisse war so immens, dass ich in der folgenden Zeit begann, jeden meiner Schritte in Dankbarkeit und

Ehrfurcht zu setzen. Wir lebten an einem der schönsten Orte der Welt, in Zeiten des Friedens. Wahrlich, der silbrig-grau blinkende alte Stahlschlüssel zu unserem kleinen Haus war der erste Schlüssel zum Paradies.

Der zweite Schlüssel zum Paradies hingegen war feinstofflicher Natur. Er hieß Bewusstsein. Durch ihn wurde aus dem Negativsten das Positivste geboren. Er war das Tor zur Transformation und führte uns mitten ins Herz der Liebe. Östliche Mystiker benannten die Lotosblume als Symbol für diesen Prozess. Sie sagten, dass es ohne die Wurzeln im Schlamm die wunderschöne Blüte nicht gäbe. Auch wir Europäer kennen ein Gleichnis hierfür. Es heißt: „Keine Rose ohne Dornen“. In jenem Sommer wurde Halis und meine Liebe zueinander immer intensiver. Intensiver wurden gleichzeitig jedoch auch unsere Eifersucht, unsere Wut und unsere Angst.
Eines Samstags, bei Dimitrios, begannen unsere Zerwürfnisse, als ein Engländer mir einen Drink spendierte. Wir lachten und tranken viel, während Hali mich missmutig beobachtete, bis er schließlich platzte. Lautstark verlangte er, dass ich auf der Stelle mit nach Hause käme. Während ich mich zunächst überreden ließ, mit ihm zu fahren, bekundete ich im Auto, dass ich doch noch bleiben wolle. Unsere Diskussion endete damit, dass ich aus dem schon fahrenden Auto sprang. Hali fuhr schreiend und hupend neben mir her. Er versuchte mich zu überreden, wieder einzustei-

gen, was ihm nicht gelang. Ich erinnerte mich daran, diese Reaktion seinerseits bereits schon einmal erlebt zu haben. Dieses Mal jedoch uferten seine Überredungsversuche in lautes Schreien und die wildesten kretischen Beschim-pfungen aus. „Zum Teufel mit dir“, war dabei noch einer der harmloseren Ausdrücke. Hali kochte vor Wut. Ich ging zurück in die Bar. Er fuhr, nicht wissend, wohin er fahren sollte und wohin mit seiner Wut.

Im Allgemeinen war Hali ein ruhiger Mensch, der sehr aufmerksam und freundlich war. Er war weder introvertiert noch extrovertiert, sondern hatte ein ausgeglichenes, warmes und herzliches Wesen. Dabei besaß er ein großes Einfühlungsvermögen und war überaus sensibel.

Andererseits konnte er auch sehr temperamentvoll werden und schien zu gewaltigen Wutausbrüchen zu neigen. Ich fragte mich, ob sein Verhalten Ausdruck eines kretischen Chauvinismus war? Oder war er einfach nur maßlos eifersüchtig? Warum verlor er derart die Kontrolle über sich selbst?

Als ich mehrere Stunden später nach Hause kam, hörte ich schon von Weitem Musik. Während ich eintrat, traute ich meinen Augen nicht. Gemütlich rekelte sich auf unserem Bett eine rassige und toll aussehende Italienerin, mit langen schwarzen Haaren. Sie war noch angezogen. Am Rande des Bettes saß mein Freund, mit triumphierendem einem nahezu triumphierndem Blick. Halis größte Rachegelüste waren allerdings augenblicklich befriedigt, als er mir meine unbändige Enttäuschung ansah. Die wunderschöne Italienerin ver-

suchte nun mich zu überreden, mit in unser Bett zu kommen. Dabei beteuerte sie mehrfach, dass sie nur an uns zusammen interessiert sei. Hali ahnte bereits Schreckliches, als er mein wütendes Gesicht sah, wusste jedoch nicht mehr wie er die Situation jetzt noch entschärfen sollte und zog es daher vor zu schweigen. Ich bestand darauf, dass alle beide unser Haus auf der Stelle verließen. Beide verzogen sich schnell auf die Terrasse.
Ich schmiss laut schluchzend Bücher gegen die Wand und weinte immer noch, als ich erschöpft ins Bett fiel. Irgendwann öffnete Hali die Haustüre. Ich stellte mich schlafend. Während er noch lange wach lag, von diffusen Sorgen und Ängsten geplagt, schlief ich sofort ein.
Am nächsten Morgen fühlten wir uns jämmerlich und weinten schließlich alle beide. Zuerst ich und dann Hali. Keiner von uns hatte je die Absicht, den anderen tatsächlich zu betrügen.
Hali sagte erschöpft: „Liebe und Hass sind nur die zwei Seiten ein und derselben Medaille.

Wenig später, als eine seiner Tanten zu Besuch bei uns war, kam es zu einem weiteren Vorfall der besonderen Art.
Hali blickte mich freundlich an und sagte geradezu emotionslos: „Geh und mach Kaffee!“
Haushälterische Anweisungen in der Befehlsform zu erhalten war ich jedoch nicht gewohnt.
Kurz nach Luft schnappend ging ich in die Küche und kochte, auch innerlich kochend, Kaffee. Dabei beschloss ich dann, Hali nicht vor seiner

Tante zu blamieren. Darüber würden wir später reden. Folglich saß ich nun ganze zwei Stunden schweigend und verdrießlich im Sonnenschein auf unserer kleinen Veranda, neben den beiden, während sie sich angeregt auf Griechisch unterhielten.

„Hali, hast du noch alle Tassen im Schrank? Wie redest du mit mir? Ich bin nicht deine Putzfrau!", waren, so glaube ich, meine ersten Worte, nachdem der Motor ihres Autos ertönte und die Tante losfuhr. Ich war immer noch voller Zorn über seine demütigende Art und Weise mit mir zu sprechen.

Hali, der mich nicht verstand, schrie aus purer Gegenwehr: „Was ist in dich gefahren, Linda? Was soll das?"

In der Annahme, dass er seinen Fehler nun nicht einmal zugeben wollte, schrie ich zurück: „In Deutschland reden wir aber nicht so respektlos mit Frauen!"

Hali, der sich weiterhin keiner Schuld bewusst war, erwiderte trotzig: „So spreche ich immer. Du kannst mir doch genauso sagen: Hali, repariere das Auto!'"

Mir fehlten die Worte. Bereits vor einiger Zeit registrierte ich, dass auf Kreta mitunter nicht nur in der Befehlsform miteinander gesprochen wurde, sondern auch mit kretischem Akzent. Beispielsweise sagten die Kreter nicht Kalamaki, wie ein Athener, sie sagten Kalamatsch.

Plötzlich erinnerte ich mich auch daran, dass ich vor einer Woche im Radio von einem Mord hörte, der dazu diente, die Ehre eines Mannes zu retten.

Dabei existierte die Vendetta, die Blutrache, doch eigentlich nur noch in sizilianischen Mafiakrimis und bei den Türken und Albanern.
Schließlich sagte ich leise und vor kalter Wut nun zitternd bei dem Gedanken, dass er seinen Fehler einfach nicht zugeben wollte: „Hali, was wäre gewesen, wenn ich dasselbe eben zu dir gesagt hätte?“
Kühl erwiderte er, dass er dies unpassend gefunden hätte, und meinte, ich würde es jetzt wirklich auf die Spitze treiben. Und genau das tat ich auch. Laut knallte ich die Türe hinter mir zu und rannte völlig außer mir zum Komos Beach. Erst dort beruhigte ich mich langsam wieder. Ich nahm mir vor, diese Art mit mir zu sprechen niemals zu akzeptieren. Als ich bei Anbruch der Dämmerung nach Hause zurückkehrte, erklärte mir mein total unglücklicher Hali, dass seine Art zu sprechen auf Kreta üblich sei. Schließlich legten wir unseren Streit mit resigniertem Schweigen bei.
In den folgenden Tagen bemühte Hali sich mehrfach, mir sein Verhalten zu erklären. So erzählte er mir beispielsweise, dass seine Mutter und seine Tanten das Land der Familie besaßen. Tatsächlich beobachtete ich bereits seit längerem, dass kretische Frauen oft Selbstbewusstsein ausstrahlten. Halis Mutter und ihre Schwestern saßen wie mächtige Matronen breitbeinig vor Eimern zwischen ihren Füßen, in die sie auf majestätische Art und Weise ihre Kartoffelschalen hineinfallen ließen. Dabei strahlten sie Stolz, Würde und Stärke aus. So war auch ihr Gang, aufrecht und sicher. Auch sie redeten manchmal

in der Befehlsform. Die Höflichkeit der Deutschen gab es innerhalb dieser Familie nicht. Höflich war man zu Fremden. Dahinter stand das Selbstverständnis einer kretischen Bauernfamilie. Sie gehörten einfach zusammen, in etwa so wie Pech und Schwefel. Um die selbstverständlichen Dinge musste hier niemand höflich fragen. Sie wurden erwartet und gegeben. Ich verstand.
Hinter unserer Eifersucht lag nur Bewunderung, hinter der Wut großes Mitgefühl, und hinter unserer Angst verbarg sich nichts außer Liebe.

Um den ganzen überflüssigen Ärger endgültig hinter uns zu lassen beschlossen wir, einen kleinen Ausflug zu machen. Das Fischerdorf Lendas war klein, ruhig und beschaulich. Dort lag der einzige Strand, an dem wildes Campen auf Kreta polizeilich erlaubt war.
Mehrere junge Leute richteten sich den Sommer über dort ein und lebten friedlich miteinander. Die bis an den Sand wachsenden Bäume wurden als Pfeiler Schatten spendender großer Freiluftzimmer benutzt. Davor standen Zelte in den unterschiedlichsten Größen. Direkt hinter dem Hauptabschnitt des Strandes gab es ein paar Häuser, zwei Tavernen und noch eine kleine Open-Air-Diskothek. Hali parkte etwa einen Kilometer von dort entfernt am Strand. Wir fanden einen Felsenvorsprung, über den wir ein weißes Laken spannten. Den Boden legten wir mit Decken aus. Ein Zelt besaßen wir nicht. Eines Abends nun tauchte vor dem frisch in weiß gekalkten Mäuerchen zwischen

der Open-Air-Diskothek und dem Strand von Lendas eine völlig verwilderte Hündin auf. Hali und ich beobachteten sie, während sie am Strand herumlief und spielte oder an der Wand entlangstrich. Auf die weiße Steinwand hatte jemand mit einer Sprühdose geschrieben: „Lebe heute – morgen wird niemals kommen."
Existent war auch in meinen Augen nur das Jetzt. Vergangenheit und Zukunft erschienen mir als Fiktion in den Köpfen der Menschen. Da jedenfalls, genau unter diesem Spruch, saß die Hündin nun manches Mal auf ihren Hinterbeinen und schaute auf das Meer. Wir befanden schließlich, dass sie hungrig aussah. Tatsächlich war sie wirklich nicht gerade wohlgenährt. Von diesem Tag an besorgte Hali jeden Tag etwas zu fressen für sie. Er nannte sie Irina.
Hali sagte nur: „Eirini heißt Frieden."
Irina war ein Tramp. Niemand wusste wo sie herkam noch wohin sie gehen würde. Ihr Schlafplatz war der Strand, der weite Sternenhimmel war ihr Zelt. Erst nach zwei Wochen lief Irina mit an unseren Schlafplatz. Schließlich wurde sie unser Hund und begleitete uns überall hin. Ihr Fell war schwarz, lang und weich und sie war recht groß. Sie hatte ein sehr hübsches Gesicht, mit wachsamen, intelligenten, hellbraunen Augen. Irina war eine Promenadenmischung, eine wahr-lich gelungene Mischung. Nachts schlief sie stets zu unseren Füßen, so, als ob sie nie etwas anderes getan hätte. Es war auch nie nötig, ihr zu sagen „Bei Fuß!", denn sie ging stets neben mir. Eine Leine war schlichtweg überflüssig. Obwohl Hali

sie mit Futter zähmte, wurde Irina mein Hund. Vielleicht hatte sie eine Vorliebe für Frau-en.

Einmal verglich Hali sein Leben mit dem von Irina. Er, ehemaliger Schüler eines altsprachlichen Gymnasiums, machte das beste Abitur seines Jahrgangs. Anschließend studierte er Naturwissenschaften an der 1973 erst gegründeten Universität Kreta in Iraklio. Damals gab es für die Kreter nur zwei Möglichkeiten des Studiums. Entweder studierten sie Geisteswissenschaften in Rethymnion oder Medizin oder Naturwissenschaften in Iraklio. Die Fakultäten gehörten der griechischen Universität an. Das Polytechnikum, die Technische Universität Kretas in Chania, nahm erst 1984 den Lehrbetrieb auf. Vielleicht hätte Hali ja sonst nach dem Abitur in Chania Bergbau studiert.

Sein Lebensweg führte ihn nämlich auf ganz andere, als die sorgfältig von der Familie geplanten, Wege. Er selbst wäre am liebsten nach Mailand oder Florenz gegangen, um dort Kunstgeschichte zu studieren. Italien gehört zu den traditionellen griechischen Auswanderungsgebieten. Auch heute noch gibt es griechische Enklaven in Italien, die aus der Antike oder Byzanz stammen. Alles, was mit Kunst zu tun hatte, interessierte ihn. Ob dies nun Geschichte, Malerei, Literatur, Musik oder einfach nur das Kunsthandwerk war. Kunst war etwas, das ihn beseelte. Er schrieb Gedichte, spielte Gitarre und las in seiner Freizeit viele Bücher über Kunst. Auch hatte er sich eingehend mit Edelsteinkunde und auch der Kunst des Gold- und Silberschmiedens beschäftigt. So hätte er also seiner Lieblingsbeschäftigung nachgehen und etwas von der Welt sehen können. Seine Eltern konnten ihm jedoch kein Studium im Ausland finanzieren. Also wählte er sein zweitgrößtes Interesse, die Naturwissenschaft, als Studienfach. Mit diesem Kompromiss fand er zwar eine Perspektive, doch tief in seinem Innersten war er damit unzufrieden. Es ist also nicht weiter erstaunlich, dass Hali die Gelegenheit beim Schopfe ergriff, als er eines Tages durch einen Studienkollegen das Angebot erhielt, nach Brasilien zu gehen, um dort Amethyste zu sprengen. Er beschloss daher, zumindest zeitweise, nach Südamerika auszuwandern. Während der großen Einwanderungswellen der Europäer in die USA im 19. und 20. Jahrhundert verschlug es viele Griechen in die USA und nach Kanada. Nach Südamerika, vornehmlich Brasilien, wanderte demgegenüber nur eine verschwindend geringe Anzahl der Griechen aus.

Hali jedenfalls landete in den Amethystminen, im Nordwesten des brasilianischen Bundesstaates Rio Grande do Sul. Rio Grande do Sul ist von alten Lavadecken überzogen, die bis zu 1000 Meter hoch und bis zu 90 Millionen Jahre alt sind. In den Hohlräumen der Lava bildeten sich vor allem Quarze, Amethyste und Achate, die hier als Rohmaterial gesprengt wurden. Hali betrachtete die Zeit in Brasilien als eine Bereicherung, jedoch fand er hier kein neues Zuhause. Dies hatte neben den Arbeitsbedingungen der Minenarbeiter, auch wenn er sich schnell hocharbeitete, vornehmlich mit dem Klima zu tun. Trotz des subtropisch gemäßigten Klimas wurde es im Winter bitter kalt. In Südamerika verwandelte sich sein Leben erstmals in ein großes Abenteuer, voller Lebendigkeit. Immer wieder musste er sich neuen Unwägbarkeiten stellen und diese meistern. Zum ersten Mal begriff er den Wert der Freiheit. Auch entdeckte er im Handel mit Mineralien und Edelsteinen eine neue Lebensperspektive. Glücklicherweise hatte man seine Fähigkeiten schnell erkannt.

Schließlich kehrte er zurück nach Griechenland und verkaufte als Zwischenhändler Mineralien aus Brasilien und dem angrenzenden Uruguay in Athen. Wieder auf Kreta angekommen, vertiefte er sich weiter in die Welt der Mineralien und Edelsteine und der Steinschleiferei. Die Mineralien verkaufte er nun an verschiedene Großhändler in Athen und kleinere Schmuckwerkstätten in seiner Heimatstadt Chania. Davon wurde er nicht reich, aber das Geld reichte für ein freies Leben.

Hali war ein echter Mann, ein Abenteurer und Pionier, der seinen eigenen Weg gegangen war und ihn gefunden hatte. Er war kein angepasster Mensch, den Rollen und Konventionen interessierten. Auch war er kein Revolutionär, der gegen andere oder gesellschaftliche Strukturen kämpfte. Er war vielmehr ein Rebell. Seine Rebellion entsprang seiner so mutigen und offenen Haltung und seiner Liebe dem Leben gegenüber. So waren seine Empfindungen von seltener Tiefe, während seine ganze Lebensart von Leichtigkeit geprägt war. Nie wurde ich davon müde, seinen abenteuerlichen und verrückten Geschichten zuzuhören.

Bevor wir die Rückfahrt antraten, sahen wir von einem Aussichtspunkt aus noch einmal kurz auf Lendas hinab. Der kilometerlange Strand lag wie ein goldener Teppich vor dem dunkelblauen Meer, das in einen stahlblauen, wolkenlosen Himmel überschwappte. Während wir weiterfuhren, färbten sich die uns umgebenden Felsen in helles Karminrot und wurden immer höher, größer und imposanter. Auf einer kleinen, von Schlaglöchern durchzogenen, Straße durchquerten wir das Asterousia-Gebirge. Eine große Ziegenherde überquerte die Straße, und wir mussten anhalten.
Die Hirten und Schäfer galten bei den Dorfbewohnern als unberechenbar und unzugänglich, und der Hirte, der uns nun nach einer Zigarette fragte, sah tatsächlich sehr wild aus. Er hatte ein gänzlich von Falten durchzogenes Gesicht, das wie tiefbraun gegerbtes Leder in der Sonne nahezu schimmerte. Seine Augen waren nahezu schwarz und blitzten mich kurz durchdringend an. Dann lächelte er, bedankte sich für seine Zigarette und ging. Ich fragte mich, wie er sich fühlte, wenn er, immer alleine, mit seiner Herde durch die Berge zog. War sein Hütehund sein bester und etwa einziger Freund? Wer war wohl seine Familie? Wie kam es wohl dazu, dass er sich entschied, ein Leben fernab von der Zivilisation zu führen? Was dachte er, wenn er mit seiner Herde durch unwegsame und karge Bergregionen zog? Die Kreter züchten seit Anbeginn der Zeiten Schafe und Ziegen in den tiefen Hanglagen der Gebirge. Schaf- und Ziegenherden weideten auf Kreta vom Meer bis in die Gebirgsregionen hinein.

Selbst die harte Arbeit auf den Feldern und in den Gewächshäusern war nichts, verglichen mit der Mühsal der Bergbauern oder dem kargen, einsamen Leben der Hirten. Schließlich entwichen die Ziegen in die Bergrücken, und der Hirte entschwand im Nichts.
Wir bogen links ab, in Richtung Landesinneres, und gelangten in eine karge, unbesiedelte, felsige Gegend. Die wenigen Verkehrsschilder hier waren von zahlreichen Kugeln durchlöchert. Vermutlich befand sich die Hälfte aller illegalen Waffen Griechenlands in den Schränken, Truhen und Eckbänken der Kreter. Der Waffenbesitz war Teil der Tradition ihres Widerstandes gegen ihre Besatzer. Wenn genügend Alkohol geflossen war, schoss man vom fahrenden Auto aus auf die Verkehrsschilder, eine Art Volkssport in dieser unwirtlichen Gegend. Die Hochzeitsgesellschaften oder sonstige Feiern waren ein wunderbarer Anlass für derartige Dinge. Weiter bahnte sich unser Weg durchs flache und stellenweise grüne Inland, an kleinen Städtchen und Dörfern vorbei, bis wir die Südküste erneut erreichten.

Wie schwerer, klarer Honig flossen von nun an die heißen Sommertage in einen erleuchteten Horizont, und die Abende verflogen wie Blütenpollen im tanzenden Sommernachtwind. Manchen Abend tanzten auch wir. Ja, Hali tanzte, zum ersten Mal in seinem Leben, selbstvergessen und frei.

Es war ein Tag wie jeder andere, an dem wir uns eines Nachts liebten. Plötzlich, inmitten unserer wogenden Körper, verlor ich jegliches Zeitgefühl. Ich sah in Halis Augen und sah bis auf den Grund seiner Seele. Wir bewegten uns, als ob unsere Energien eine Energie wäre. So verschmolzen waren unsere Seelen miteinander.
Wir ritten auf dem weißen Pferd, das einen Astralleib hatte, bis wir beide nur noch eine einzige, pulsierende Lichtenergie waren. Gleichzeitig bekamen wir den heftigsten Orgasmus unseres bisherigen Lebens. Alles löste sich auf. Die Grenzen unserer Körper, die Grenzen unseres Ichs, die Grenzen von Raum und Zeit. Das Gefühl des Eins seins ging weit über uns beide und alles Gekannte hinaus. Es bezog das All in sich ein. Im Moment des Orgasmus explodierten wir im Licht, in die Existenz der reinen Liebe hinein. Diese Liebe galt nicht nur einem Menschen, sondern dem gesamten Universum.

Halis Elternhaus war schneeweiß gestrichen und hatte türkisfarbene Fensterläden. Eine alte Frau erzählte mir eines Tages, dass das Türkis den bösen Blick vertreiben würde. Die Kreter konnten sehr abergläubig sein und viele glaubten an den bösen Blick. Eleftheria, Halis jüngere Schwester, berichtete mir, dass ihr ältester Sohn eines Tages mittags nach Hause kam und plötzlich krank gewesen sei. Sie vermutete sofort, dass jemand ihm einen bösen Blick zuwarf. Derjenige, mit dem bösen Blick, schickte dabei einem anderen Menschen, durch einen tiefen Blick in seine Augen, negative Energie und konnte damit seinem Opfer ernsthaften, ja mitunter lebensbedrohlichen Schaden zufügen. Eleftheria rief ihre Großmutter zu sich. Diese begriff den Ernst der Lage auf Anhieb, eilte sofort herbei und verschwand mit dem Kind in einem verdunkelten Zimmer. Dort setzte sie sich dem Jungen gegenüber, sah ihm in die Augen und betete für ihn. Schließlich schüttelte sie sich furchtbar, bevor sie zwei Stunden ruhte. Der böse Blick wich von dem Jungen, er war plötzlich wieder gesund.

Neben der Anwendung von Türkis zur Abwendung böser Blicke las ich einmal, dass Insekten Türkis nicht sehen können. Der Anstrich war also eine wirksame Maßnahme, um diese vom Eindringen durch Fenster und Türe abzuhalten.

Ich fragte mich, ob Hali und ich auch von einem bösen Blick getroffen wurden, doch konnte ich mich daran nicht erinnern. Aufgrund irgendeiner Falschaussage bei Gericht war Hali wegen des Verkaufes von Haschisch vom Staatsanwalt angeklagt worden. Wir mussten also nach Chania und schliefen dort in seinem Elternhaus. Da die griechischen Gesetze für derartige Verstöße sehr harte Strafen vorsahen, hatte ich große Angst. Hali redete in den folgenden Tagen nicht mehr viel. In ihm bebte eine erschütterte Welt, in die er sich ganz zurückzog, so, als könne seine uneingeschränkte Anwesenheit deren Einsturz verhindern.

Ganz Chania schien von ehemaligen Gefängnissen umgeben zu sein. Sie alle waren Teil der historischen Vergangenheit Kretas. Nicht unweit des venezianischen Hafens in Chania liegen die venezianischen Arsenale, große Steinhallen mit Gewölben. Das Fort Firkas war eine Wehrmaßnahme der Venezianer - gegen die Genuesen, die Rückeroberungsversuche von Byzanz, die Angriffe des Osmanischen Reiches und gegen die aufständische kretische Bevölkerung. Anfangs diente es als Kaserne und Unterbringungs-gelegenheit, später wurde es zum Gefängnis. Im Weiteren nutzten es die Kreter selbst zeitweise als Militärgefängnis. Östlich von Chania liegt der alte Fährhafen, er ist der ursprüngliche Hafen Chanias, in Souda. Am Rande des Hochplateaus über der Soudabucht befinden sich die Festung Koule und die Burg Izzedine, die unter den Türken als Gefängnis für politische Gefangene diente.

Auf dem Weg von Chania zur Samariaschlucht gelangt man, nach einer kurzen Fahrt durch wahrlich idyllische Orangenhaine, zu dem Gefängnis Agia. An der Ortseinfahrt liegt das ehemalige Internierungslager der Deutschen Wehrmacht für Widerstandskämpfer, deren Angehörige und die Angehörigen der jüdischen Gemeinde. Zuvor und auch danach war dies das kretische Gefängnis.

Wie jeden Sonntagmittag traf sich die Familie bei Halis Eltern, Eftychia und Michalis. Dazu gehörten noch Halis Schwester Eleftheria, Vassilios, ihr Mann, und deren vier Kinder. Erst anlässlich Halis Aufzählung der Gefängnisse um Chania erfuhr ich, dass auch deutsche Nationalsozialisten in Preveli, Arkadi, Anogia und vielen weiteren Orten gewütet hatten.
In der Hoffnung, nicht in ein schlimmes Fettnäpfchen zu treten, fragte ich Michalis nach dem Essen: „Was haben die Deutschen damals auf Kreta angerichtet?"
Eine Sekunde lang hielten alle Erwachsenen im Raum, außer mir und Hali, kurz den Atem an, während Michalis freundlich antwortet: „Nun! Das Unternehmen Merkur war bis dahin die größte Luftlandeoperation der Geschichte.
Hunderte von deutschen Bombern bombardierten kretische Städte. Besonders hier in Chania wurde fast die ganze Altstadt zerstört. Hali, fahr einmal mit Linda Richtung Kissamos und zeig ihr den Sockel des alten Fallschirmjägerdenkmals. Wir

nennen es nur ‚Den bösen Vogel ‘ “, wandte er sich Hali zu. Eftychia verdrehte die Augen. Sie wusste nicht mehr, zum wievielten Male Michalis dieses Denkmal erwähnte.
„Nach zehn Tagen war Kreta erobert und Italiener, Deutsche und Bulgaren errichteten ein Besatzungsregime“, fuhr er fort. „Es gab unzählige Kämpfe der kretischen Partisanen gegen die Nationalsozialisten, und Tausende kretische Männer, Frauen und Kinder wurden hingerichtet.“
Michalis schwieg und starrte vor sich hin. Dann lächelte er mich freundlich an.
„Der Zweite Weltkrieg ging in einen Bürgerkrieg zwischen Regierung, Alliierten und kretischen Sozialisten und Kommunisten über. Stalin hat uns verraten! Danach ergriff das Militärregime die Macht. Der Kampf dauerte bis 1974“, fügte er noch hinzu.
Alle außer Eftychia hatten Michalis andächtig zugehört. Durch meinen Kopf schossen Gedanken wie Blitze. Über Jahrhunderte hinweg war Kreta nichts als ein Spielball in den Händen fremder Großmächte.
Ich bewunderte Michalis Güte. Für ihn schien jeder Krieg nichts als ein weiterer Schrecken, ein weiteres Zeugnis der Unmenschlichkeit zu sein. Er hackte nicht auf den Deutschen herum. Er hatte lediglich ihre Taten, als einen Teil der Geschichte, beschrieben. Überhaupt war ich tatsächlich während meines gesamten Aufenthalts auf Kreta noch nie mit Feindlichkeit gegenüber Deutschen konfrontiert worden. Michalis, der Kommunist war, sagte mir später einmal, dass

auch die Kommunisten sich an der Menschheit schuldig gemacht hätten. Den Glauben an die Möglichkeit einer gesellschaftlichen Ordnung, die von Gerechtigkeit und Liebe geprägt war, wollte er dennoch ganz einfach nicht aufgeben. Er glaubte an seine Ideale und vertraute ihnen, wie ein kleines Kind einer liebevollen Mutter. Trotz all seiner leidvollen Erfahrungen war sein Wille ungebrochen. Vielleicht war es genau dies, was ihm, der klein und knochig war, sein großes Charisma verlieh. Aus seinen alten Gesichtszügen und lachenden, fast schwarzen Augen strahlten Ruhe und Kraft. Ich verstand nun, warum Hali, Sohn einer streng orthodoxen Familie, Pazifist wurde und jegliche Form von Gewalt ablehnte.

„Warum bist du immer noch Kommunist?“, platzte es aus Vassilios heraus, der schon das ganze Gespräch über unter einer Art innerlichem Druck litt, ob Michalis‘ Angehörigkeit zur kommunistischen Partei. Vassilios war Anhänger der liberalkonservativen Partei. „90 % der Kreter wollten die Demokratie!“, entrüstete er sich.

Michalis entgegnete ihm nur ruhig: „Es bleibt doch jedem Menschen selber überlassen, welche politische Meinung er vertritt.“

Vassilios schüttelte verständnislos den Kopf, eine seiner Lieblingsgesten.

Davon provoziert, erwiderte Eftychia nur noch: „Vassilios, es gibt hier nicht nur deine Nea Demokratia. Wir haben auch die PASOK, die KKE und die Grünen. Papandreou steht auf unserer Seite, auf der Seite der Armen, und er hat wenigstens Nationalbewusstsein!“

Auf Kreta war die Mehrheit der Bevölkerung, weit mehr als auf dem Festland, damals politisch links eingestellt. Die sozialistisch orientierte sozialdemokratische Partei PASOK hatte hier besonders viele Anhänger, und Eftychia war einer von ihnen. Vassilios gab auf. Gegen Eftychia kam ohnehin niemand an. Helle Sonnenstrahlen, die durch die kleinen Fenster strahlten, malten Muster auf die weiße Tischdecke. In zwei Wochen war die Gerichtsverhandlung.

Mittags besuchten Hali und ich meistens Eleftheria. Während Hali Besorgungen machte oder den Rechtsanwalt aufsuchte, verbrachte ich die Nachmittage häufig alleine mit ihr. So lernte ich unzählige griechische Wörter, durch ihr Zeigen auf Gegenstände. Sie sprach weder Englisch noch Deutsch. Im Grunde war sie diejenige, die mich die Grundzüge der griechischen Sprache lehrte. Eleftheria war eine der schönen Griechinnen, hochgewachsen, mit kastanienbraunen, langen seidigen Haaren und Mandelaugen. Gut hätte sie auch Aphrodite heißen können. Ihre Anmut und Schönheit hatten für mich etwas Göttinnen ähnliches. Vassilios, der, wie sein Schwiegervater, bei einer Fähren-gesellschaft arbeitete, kehrte erst am frühen Abend nach Hause, und dann kam auch Hali meist wieder zurück.
Wir alle waren gerade um den großen Küchentisch herum versammelt, als Halis Eltern zu Besuch kamen. Eftychia bereitete sich darauf vor, zur Panagia, der heiligen Mutter Gottes, zu pilgern,

um sie um Gnade für Hali zu bitten. Mit einer angezündeten Kerze in der Hand würde sie, abwechselnd auf den Knien und ihren kleinen Füßen, sieben Kilometer zurücklegen und dabei für Hali beten. Eftychia glaubte fest daran, dass die Panagia ihre Gebete erhören würde. Sie und Maria, voll der Gnaden, würden ihrem Sohn dabei helfen, von den ungerechten Anklagen anderer freigesprochen zu werden. Im christlich-orthodoxen Kirchenjahr ist Ostern das höchste Fest, das auf Kreta auch groß gefeiert wird.

Für Eftychia aber war Mariä Himmelfahrt, der zweithöchste Feiertag, der höchste Feiertag. Die Panagia, die Widersacherin des Teufels, war in ihrer ganz persönlichen Vorstellung eine erhabene himmlische Göttin, die das Schicksal der Menschen mit Liebe schützte und lenkte. Ihrer Macht vertraute sie bedingungslos.

Eftychia, klein, gerade gewachsen, mit einem sehr hübschen Gesicht, war eine einfache, gottgläubige Frau. Ihre zwei Kinder und vier Enkel liebte sie über alles. Niemals hätte sie diese verstoßen oder im Stich gelassen, egal, was auch immer geschehen wäre. Überhaupt bestand ihr Leben aus ihren Kindern und Enkelkindern, ihrem Mann, ihren Schwestern und deren Familien und all ihren anderen Verwandten.

Das Licht ging aus. In der Küche, in der Wohnung, im Wohnhaus, im gesamten Viertel. Wieder einmal streikten die Arbeiter des Elektrizitätswerkes. Für die Familie der normalste Streik der Welt. Eleftheria holte unbeeindruckt eine weiße Kerze aus dem Wohnzimmer, stellte sie auf den

Küchentisch und zündete sie an.
Kurze Zeit später also saß Eftychia, mit vor ihrer Brust gefalteten Händen, auf einem von Eleftherias Küchenstühlen und sagte uns ihr Gebet laut auf:

„Gegrüßet seist du Königin,
– erhabene Frau und Herrscherin,
O Mutter der Barmherzigkeit,
– du unseres Lebens Süßigkeit,
Du unsere Hoffnung sei gegrüßt,
– die du der Sünder Zuflucht bist,
Wir Kinder Delias schreien zu dir,
– aus Tod und Elend rufen wir,
O mächtige Fürsprecherin,
– bei Gott sei unsere Helferin.“

Wir blickten uns betroffen an. Hali sah niedergeschlagen auf den Boden. Michalis starrte Eftychia an und Vassilios schüttelte mal wieder verständnislos den Kopf.
Die Kinder liefen hinaus zum Spielen.
Im flackernden Schein der Kerze blickte Eftychia nun zuerst Eleftheria und dann mich ganz durchdringend an. Wir beide hielten ihre Idee für gut. Die Hauptsache war, dass etwas getan wurde. Wir würden in unseren Gedanken bei ihr sein und mit ihr für Hali beten. Vassilios beteuerte durch erneutes Kopfschütteln, dass er die ganze Idee für völlig absurd hielt. Michalis hatte nichts gegen die Panagia, doch auch er stand dem Gedanken der Erlösung durch Beten durchaus skeptisch gegenüber. Er sah Hali besorgt an und fragte unver-

mittelt: „Hali, wie konnte das passieren? Warum hast du mit solchen Leuten zu tun?“
Doch was hätte Hali ihm sagen sollen? Er wusste, dass weder seine Eltern noch Eleftheria oder Vassilios verstehen würden, warum jemand Haschisch rauchte oder Leute kannte, die dies taten. Demzufolge antwortete er nur: „Alles, was sie wollen, ist ein Exempel statuieren. Ich bin unschuldig!“

Michalis seufzte laut und sah Hali nun regelrecht traurig an. Dabei bewegte er unentwegt sein Komboloi, ein kleines Steinkettchen, das ihm nur zur Beschäf-tigung seiner Hände diente, zwischen den Fingern hin und her. Schließlich blickte er fragend zu Eftychia hinüber.

Diese sagte mit unerschütterlicher Überzeugung: „Überall auf Kreta sind der Mutter Gottes Kirchen und Kapellen gewidmet. Die Panagia wird uns auch dieses Mal helfen!“

Besonders in dieser schweren Zeit stärkte uns Eftychias Glaube. Es tat gut, sie beten zu hören und ihre unbeirrbare Zuversicht mitzuerleben. Das Licht ging wieder an.

Den Höhepunkt fand das Ganze an jenem Abend, an dem wir unseren Freund Christos im Gefängnis auf dem Festland besuchten. Er war mittlerweile, aus welchen Gründen auch immer, dorthin verlegt worden. Christos, der ein hübscher und vor Gesundheit strotzender junger Mann gewesen war, sah aus wie ein Toter, den man noch eben versuchte am Leben zu erhalten. Er war bis auf die Knochen abgemagert und in seinen Augen, die immer lachten, sah ich nur noch eine seltsame Leere. Man hatte ihn mit der Gruppe junger Männer geschnappt, von denen einer, wir wussten nicht welcher gegen Hali aussagte. Der Unbekannte bezichtigte Hali, ihnen das Haschisch verkauft zu haben. Er erhoffte sich wohl ein milderes Urteil durch die Benennung Halis als Verkäufer des Fundes. Christos konnte uns jedoch nichts dazu sagen, da die Beteiligten voneinander isoliert wurden und sich teilweise in Einzelhaft befanden. Er hatte wirklich keine Ahnung, wer von den Gefassten Hali verleumdete. Falls er es herausfände, sagte er, würde er demjenigen persönlich den Hals herumdrehen.

Der arme Christos versuchte, sogar in seiner aussichtslosen Lage noch, Hali zu beruhigen und versicherte ihm, dass eine einzelne Aussage, für die es keinerlei Beweise gäbe, nicht zu einer Verhaftung führen könne. Christos kannte die Männer seit einiger Zeit, mit denen er an jenem Abend unterwegs gewesen war. Hali kannte sie ja mehr oder weniger nur vom Sehen. Das Gefängnis war überbelegt und die Haftbedingungen waren mehr als schlecht. Dennoch fand Christos die Kraft, Hali noch Mut zu machen. Einen Mut, den genau er selbst so sehr gebraucht hätte.

Ich schwieg das ganze Gespräch über. Die Umstände, in die Christos und Hali geraten waren, waren schlichtweg zu fürchterlich, um noch etwas dazu zu sagen. Der Wärter kam und forderte uns auf, zu gehen. Hali umarmte Christos, in dessen Augen nun Tränen standen, ein letztes Mal.

Er verabschiedete sich von ihm mit den Worten: „Kopf hoch! Du kommst bald wieder hier heraus!" Nach dem Besuch im Gefängnis, zurück auf Kreta, fuhren wir noch ins Zentrum von Chania, um etwas zu trinken. Während der Rückfahrt war mein Herz bereits voller Trauer. Währenddessen sinnierte Hali noch darüber, warum ausgerechnet die Droge Haschisch mit solchen drakonischen Strafen geahndet wurde. Warum Haschisch und nicht Alkohol?

„Haschisch entspannt, es macht die Menschen meditativ, friedfertig und rebellisch gegenüber Unrecht. Alkohol enthemmt, betäubt und kann im Vollrausch das Bewusstsein sogar ausschalten", merkte er an.

Doch seine Erkenntnis half uns auch nicht weiter. Alkohol war eine legale und Haschisch eine illegale Droge. Wer illegale Drogen konsumierte, der musste sich darüber im Klaren sein, dass er mit dem Gesetz in Konflikt geraten konnte. So einfach war das. In dem neonbeleuchteten Kafe-neion, mit seinen alten Holzstühlen und Tischen, lagen überall große alte Backgammonkoffer und Zeitungen auf den Tischen herum. Es roch nach arabischem Mocca. Hali bestellte sich einen Tsipouro, griechischen Tresterschnaps, der überall auf Kreta gebrannt wurde, und mir eine Lemonada. Aus dem alten Kassettenrekorder tönte kretische Musik. Die Mantinades, die kurzen Zweizeiler des Sängers, wurden von Lyra und Laouto und den Rufen der Zuhörer des Konzertes begleitet. Ich sah Christos vor meinem geistigen Auge. Der Besuch bei ihm und sein Zustand setzten mir wirklich zu.

Gleichzeitig bekam ich Angst um Hali.
Währenddessen schraubte sich der Rhythmus der Musik langsam und stetig höher und höher bis zur Ekstase. Das Publikum schrie dem Sänger des mit-geschnittenen Live-Konzertes zu, ich brach in Tränen aus. Hali, der mit gesenktem Kopf traurig neben mir saß, blickte mich erschrocken an. Sofort nahm er mich in den Arm.
„Linda, was ist?", fragte er bestürzt.
„Ach nichts, Hali", war meine Antwort.
Zärtlich wischte er mit der Hand die Tränen von meinem Gesicht und drückte mich fest an sich.
„Es geht mir genauso", sagte er nur.
Plötzlich war die Kassette zu Ende. Wir bemerkten wieder das rege Treiben auf der Straße vor uns und die Gespräche im Kafeneion. Es war Zeit zu gehen. Die ganze Anspannung machte Hali und mich langsam aber sicher verrückt. Sie hing wie eine dunkle Wolke über uns und war allgegenwärtig an jedem Ort, den wir aufsuchten. Als wir uns abends vor dem Einschlafen liebten, spürte jeder von uns, dass dies der einzige Moment war, in dem wir noch frei waren.

Sechs Monate später war Christos tot.
Er starb mit nur 25 Jahren, weil er mit einer kleinen Gruppe junger Kreter, die ein Kilo Haschisch in ihrem Haus versteckten, beim Kiffen erwischt wurde. Er starb, weil weder er noch seine Verwandten Geld für einen guten Anwalt hatten. Als ein Polizeibeamter ihn beleidigte, hatte Christos diesen ebenfalls beleidigt. Und als jener ihn

im Folgenden schlug, hatte ihn Christos zurückgeschlagen. Ein folgenschwerer Fehler. Christos starb an den Folgen seines anschließenden Hungerstreiks. Auf der Krankenstation riss er sich in derselben Nacht noch sämtliche Kanülen aus den Armen. Er hatte ein kretisches Herz. Wenn es auch in einem gänzlich anderen Zusammenhang geschah, so starb er lieber mit einem kretischen Lied in der Seele, als sich Tyrannen zu ergeben. „Freiheit oder Tod“, den alten kretischen Wahlspruch, der auch Titel eines Buches von Kazantzakis ist, bestätigte er erneut. Christos war kein Mensch, der derartige Demütigungen über eine lange Zeit ertragen hätte. Dazu war er viel zu gefühlvoll, zu stolz und zu frei. Von Christos Tod wurde in keiner Zeitung berichtet. Vielleicht war dies besser so. Vermutlich hätten die Leser sonst tatsächlich noch angenommen, er sei ein Krimineller gewesen, ein für das Allgemeinwohl gefährlicher Mensch. Woher hätten sie auch wissen sollen, dass er stets gutmütig, ehrlich, liebevoll und gerecht war.

Vermutlich lag es vor allem an Eleftherias tröstlicher Anwesenheit, dass ich erneut weinte, als ich am nächsten Morgen in ihrer Küche saß. Sie umarmte mich und fragte, mit dem Telefonhörer in der Hand gestikulierend, ob ich jemanden anrufen wolle. Ich rief meine Großmutter an. Sie war schon immer diejenige, die mich mit den einfachsten Worten beruhigen konnte, wenn etwas sehr Schlimmes passiert war.

„Ganz ruhig, Linda, alles wird wieder gut“, sagte meine Großmutter erwartungsgemäß mehrmals hintereinander, und vermutlich war es vor allem ihre klare und feste Stimme, die mich wie schon immer am meisten beruhigte.
Abends war meine Mutter am Apparat. Sie wollte, dass ich sofort nach Hause komme. Ein Flugticket war bereits am Flughafen für mich hinterlegt. Dabei wollte ich gar nicht zurück nach Deutschland! Am Flughafen wurde mir gesagt, dass das Ticket nicht mehr zurückerstattet wer-den könne. Meine Mutter sagte auf meine Nachfrage diesbezüglich nur noch mit eisiger Stimme, dass ich sofort nach Hause käme, wenn ich meine Familie nicht vergessen wolle. Sicherlich hätte meine Mutter, wenn dies nötig gewesen wäre, sogar Himmel und Hölle in Bewegung gesetzt, um mich aus dieser Situation herauszuholen. Es ging mir noch schlechter, denn ich musste Hali alleine lassen oder meine Mutter auf dem Ticket sitzenlassen. Hali schlug vor, dass ich nach Deutschland flöge und er sobald wie möglich nachkäme.
Als Hali an jenem Abend plötzlich sagte: „Komm, Linda, lass uns auf eine Bousoukia gehen“, war ich nicht erstaunt.
Einen Tag nach seiner bevorstehenden Verhandlung schon ging mein Flug. Hali bestellte eine obligatorische Flasche Whiskey, mit Leitungswasser und Eis. Im Lokal war es düster, schwül und laut. Wir saßen wie betäubt in dem Lokal und fragten uns nahezu gleichzeitig, was wir dort zu suchen hätten und nachdem Hali die halbe Flasche Whiskey geleert hatte, sagte er unvermittelt:

„Lass uns gehen, Linda. Ich muss hier raus!“

Hali war leichenblass und erschöpft, als an einem Freitagnachmittag im Herbst die Gerichtsverhandlung geschlossen wurde.
Er sagte nur: „Ich bin freigesprochen. Eleftheria, mach Kaffee!“, wobei er mich mit weit aufgerissenen Augen anstarrte.
Ein Gebirge fiel von unserer Seele.
In der Nacht vor meinem Rückflug lagen wir bis in die frühen Morgenstunden wach und regungslos nebeneinander im Bett, hielten uns in den Armen und sahen uns im Dunkeln gegenseitig an.
„Linda, vergiss mich in Deutschland nicht“, sagte Hali, kurz bevor der Schlaf ihn übermannte.
Ich hörte seine Worte noch, aber antwortete nicht mehr. Meine Erschöpfung war zu groß und mein Halbschlaf schon zu tief, um noch zu reden. Ich wäre auch nicht einmal im Traum auf die Idee gekommen, Hali zu vergessen.

Am nächsten Morgen brachte er mich zum Flughafen. Wir küssten uns zum Abschied und sagten einander: „Bis bald.“
Doch wann würde bald sein?
Schon auf dem Weg zum Flughafen hatte ich bereits das sichere Gefühl einen riesengroßen Fehler zu begehen. Tragischer hätten sich die Ereignisse wirklich nicht überschneiden können, denn Hali musste sich den Winter über um seine Geschäfte kümmern. Eine Reise nach Südamerika

stand an. Vorher war an ein Wiedersehen nicht zu denken.
Wieder zurück in München, begann ich Griechisch, Italienisch und Philosophie zu studieren. Irgendeinen Nutzen sollte es haben, dass ich nun alleine in München saß. Der Sprachunterricht war trocken, und was ich im Fach Philosophie lernte, sagte mir alles durchweg rein gar nichts. Wir mussten uns endlos lange und komplizierte Texte von Philosophen aller Epochen anhören und über diese referieren oder philosophieren. Das ganze Institut erschien mir wie ein langer, staubiger Schlauch, durch den graue Gesichter, in grauen Wollhosen, mit grauen Aktenköfferchen bewaffnet, entlangschlichen.
Wochenlang saß ich in völlig überfüllten Hörsälen und fragte mich, was ich dort wollte. Während unzähliger Stunden dachte ich oftmals nur an Hali. Die Stimmen der Professoren versanken jedes Mal langsam im Hintergrund, während ich aus dem Fenster hinausschaute und von einer glücklicheren Welt träumte, einer Welt, in der Hali und ich wieder zu denjenigen wurden, die wir waren, bevor uns das Unglück ereilte.

Als Hali nach drei Monaten endlich vor meiner Türe in Deutschland stand, fielen wir uns nur wortlos in die Arme und drückten uns lange fest aneinander. Ich bekam den ersten Heiratsantrag meines Lebens. Am Abend unseres Wiedersehens packte Hali eine kleine Schatulle aus und gab sie mir. „Für dich“, sagte er nur leise.

Auf der Innenseite des schönen Rotgoldrings stand eingraviert: „Forever in love“.
Ich staunte, lächelte und weinte beinahe, so freute ich mich. Hali, der mich auch ohne Worte verstand, lachte vor Glück über das ganze Gesicht, als er die Tränen in meine Augen steigen sah.
„Linda, heiratest du mich?“
„Ja.“

In der folgenden Zeit fühlten wir eine vollständige Nähe zueinander. Das Vertrauen in uns reichte endlos tief. Unsere Liebe war grenzenlos. So vergingen mehrere glückliche Monate.
Doch je näher meine Prüfungstermine rückten, umso mehr lernen musste ich. Währenddessen starrte Hali stundenlang die Wände an. Irina ließ er bei seinen Eltern in Chania. Diese waren nicht begeistert davon, sich um sie zu kümmern. Überall auf Kreta gab es mindestens einen kläffen-den Hund. Die Anzahl der verwilderten Hunde und Katzen dort war wirklich auffällig. Sie lebten von den Abfällen der Tavernen, Metzger und Haushalte. Nur wenige Leute, die große Grundstücke hatten, hielten sich Wachhunde, und auch die Hütehunde der Schäfer und Hirten waren in erster Linie Arbeitstiere.
Vor allem wegen Irina, aber auch wegen der anstehenden Prüfungen, überredete ich Hali schließlich, einen Monat vor mir nach Kreta zurückzufliegen. Doch als Hali nach Kreta zurückkam, war unsere Irina bereits wie vom Erdboden verschwunden. Unbemerkt hatte sie das elterliche

Grundstück verlassen. Sie sprang über den Zaun, lief vermutlich in Richtung Hafen und mehr wusste niemand. Hali suchte völlig verzweifelt jeden Tag die ganze Umgebung ab. In halb Chania hing er Vermisstenzettel aus. Doch Irina war unauffindbar. Wir weinten und machten uns große Vorwürfe. Jahrelang noch hofften wir, dass sie eines Tages zu uns zurückkehren würde. Aber wir sahen sie nie mehr wieder.

Genau in diesen vier Wochen trug es sich auch zu, dass ich eines Nachts jäh aus dem Schlaf gerissen wurde.
In der folgenden Zeit fiel ich in eine scheinbar endlose Dunkelheit. Langsam, aber sicher, wurde ich verrückt. Meine Seele war ausgebrannt und leer. Das Licht erlosch. Vielleicht flogen wir zu hoch, kamen der Sonne zu nah und stürzten deswegen, wie Ikarus, in die Tiefe hinab.

Kybele und der Mandelbaum

Agdistis, jenes göttliche Wesen, welches einst Zeus heiligem Samen entsprang und das gesamte menschliche Potenzial enthielt, verkörperte alles Lebendige, das Pflanzliche, Animalische und das Menschliche. Es enthielt alle sexuellen Wünsche und deren Erfüllung, war Mann und Frau in einem. Es war die Einheit allen Lebens, dessen Ursprung niemand kannte.

Aus der Furcht heraus, es nicht kontrollieren zu können und von ihm entmachtet zu werden, schnitt Zeus Agdistis die männlichen Geschlechtsteile ab. So entstand aus Agdistis die Göttin Kybele, eine uralte Erdgottheit, und aus ihren männlichen Geschlechtsteilen wurde ein Mandelbaum. Von diesem Tage an war Kybele auf der Suche nach ihrer männlichen Ergänzung.

Halis Brief kam aus Hongkong, der ehemaligen britischen Kronkolonie, gelegen an der Südküste Chinas. Er hatte einen blauen, völlig abgegriffenen Umschlag. Sein erster Satz lautete:
„Meine LIEBE. Ich bin im Gefängnis. Jemand hat mich zum Opiumrauchen eingeladen und wir wurden erwischt. Bitte mach dir keine Sorgen, es geht mir gut!“
Er habe nur zwei Züge an der Pfeife gemacht!
Ich wisse, dass er diese Art Drogen noch nie genommen habe. Derartiges werde er auch nie mehr

wieder tun. Er beschrieb den Dreck, den Gestank und die unerträgliche Feuchtigkeit der schwülen Luft, die Feuchtigkeit, die an dunklen, morbiden und schmutzigen Wänden entlangrann.
Über mehrere Seiten schilderte er nun die abgründigen Zustände in dem Gefängnis und erzählte von den Menschen, die dort alle zusammen eingepfercht worden waren. Touristen, Mörder und Diebe lebten oder, besser gesagt, vegetierten hier auf engstem Raum vor sich hin.
Während ich seine Zeilen las, sackte mein Kreislauf weg. Alles im Leben habe seine zwei Seiten, schrieb Hali weiter. Die Gefangenschaft sei der Preis, den er für die Freiheit bezahlen müsse. Es sei lediglich die Rückseite der Medaille, die er jetzt zu sehen bekäme. Je intensiver die Gefühle eines Menschen wären, umso besser sei es. Von Herzen zu weinen und zu lachen sei ihm lieber, als das Plastiklachen menschlicher Roboter. Er endete mit den Worten, dass er Gott gesehen und die wahre Freiheit gefunden habe. Nur deswegen wolle man ihn umbringen!

Ich wartete schon seit sieben langen Monaten auf ihn und hatte das Gefühl, aus einem Albtraum aufzuwachen, als ich plötzlich Halis Stimme plötzlich wieder hörte.
„Linda?“, fragte eine leise, warme Männerstimme, und ich erkannte diese Stimme sofort.
„Ja, Hali?“, rief ich bebend, unvermutet von Leben durchfahren, ins Telefon.
„Ja!“

Hali, der auf Kreta auf mich gewartet hatte, verstand die Welt nicht mehr, als eines Tages niemand mehr den Hörer abnahm, wenn er mich in Deutschland anrief. Schließlich rief er meine Mutter an, die ihm wahrheitsgemäß mitteilte, dass ich zu einem Freund gezogen sei. Für Hali brach eine Welt zusammen. Er glaubte mich unwiderbringlich verloren zu haben und wollte sich das Leben nehmen. Er stand kurz davor, wahnsinnig zu werden, erzählte er mir jetzt. Ich stutzte. Was für eine Ironie des Schicksals, dachte ich, als ich seine Worte vernahm. Was für eine Synchronizität malwieder.

Wegen all dem jedenfalls reiste Hali kurzfristig nach Hong Kong, um Abstand von den unerklärlichen für ihn völlig unverständlichen Ereignissen zu gewinnen und wieder zu sich selbst zu finden. Bei diesem Versuch landete er im Gefängnis. Ohne die Hilfe seiner Verwandtschaft hätte er dort auch länger bleiben müssen. Mit anwaltlicher Unterstützung und einer gehörigen Summe Hong Kong Dollar aber konnte er schon drei Monate nach seiner Verhaftung wieder zurück nach Kreta kehren. Beinahe wäre er damals im Anschluss direkt weiter nach Deutschland gereist, um mich dort zu suchen. Doch seine Verletzung angesichts meines vermeintlichen neuen Freundes saß zu tief.

Schließlich ließ er sich von einem Freund zu einer erneuten Reise, dieses Mal nach Thailand überreden, um die Vergangenheit endgültig zu begraben und ein neues Leben zu beginnen. Schließlich hatte ich ihn einfach und grundlos verlassen und

gab seit Monaten nicht mal mehr ein Lebenszeichen von mir. Diese Reise ließ Hali tatsächlich wieder neuen Lebensmut finden, doch vergessen konnte er mich immer noch nicht.
So rief er nun kurz nach seiner Rückreise von Thailand nach Kreta zum wiederholten Male bei meinen Eltern an, um sich nach mir zu erkundigen, in der Hoffnung Genaueres zu erfahren. Er wollte sich Klarheit verschaffen, endlich wissen was wirklich passiert war und vor allem warum.
„Warum hast du dich nie bei mir gemeldet? Ich habe keinen Brief bekommen, keinen Anruf, nichts!“, krächzte Hali verzweifelt, mit schriller Stimme, ins Telefon.
Ich schwieg. Mein zunehmender Alkoholkonsum und eine Art Apathie hatten mich innerlich derart zermürbt, dass ich Hali nicht einmal mehr geschrieben hatte, als er im Gefängnis war. Was hätte ich ihm auch schreiben sollen? Selbst jetzt am Telefon konnte ich ihm unmöglich die Wahrheit erzählen. Was würde er tun, wenn er alles wüsste? Würde er sich dann wirklich das Leben nehmen?
Hali gab nicht auf und rang erneut nach Worten.
„Ist es etwas Festes mit dir und deinem neuen Freund?“, fragte er mit leichtem Zittern in der Stimme.
Ich antwortete, dass ich alleine sei und seit einiger Zeit wieder bei meinen Eltern wohnen würde. Seine Erleichterung war augenblicklich, über Tausende von Kilometern hinweg, spürbar, wenn er auch nach wie vor nicht verstand, was geschehen war. Wie sollte er es auch verstehen. Er konn-

te es nicht verstehen. Hali atmete kurz auf, nahm all seinen Mut zusammen und fuhr erneut fort.
So einfach würde er sich jetzt nicht abspeisen lassen, so einfach würde er sicher nicht aufgeben: „Warum, Linda? Warum? Wir wollten heiraten!"
Ich sagte ihm nur, dass ich ihm alles in Ruhe und persönlich erzählen müsse. Ich könne auf keinen Fall am Telefon mit ihm darüber reden. Ich sei alleine, und der Freund, bei dem ich kurzfristig gewohnt hätte, sei nur ein platonischer Freund gewesen. So war es auch. Hali schwieg. Hundert Gedanken schossen auf einmal durch seinen Kopf. Warum hatte ich ihn verlassen? Was hatte es tatsächlich mit diesem Freund auf sich? Wollte ich ihn wirklich wiedersehen?
Schließlich fragte er: „Wann kommst du?", und ich antwortete: „Im Sommer."

Bei einem zweiten Telefonat erwähnte Hali, wie in einer Randbemerkung, dass er in Thailand zwei Mal Sex mit einer Australierin hatte, die ihm jedoch nicht wirklich etwas bedeuten würde. Er würde sie genau genommen gar nicht kennen und habe lediglich versucht, seinen Schmerz zu betäuben, was ihm nicht gelungen sei. Sie sei schwanger, obwohl sie ihm gesagt hätte, dass sie die Pille nähme. Einige Sekunden lang konnte ich weder denken noch atmen. Mir wurde übergangslos schlecht und ich fiel fast in Ohnmacht.
Ich bekam nur noch: „Hali, mir ist schlecht, ich muss auflegen", mit stockender Stimme hervor und hing mit verschwitzten, zitternden Händen

den Hörer ein, während wirre und schmerzhafte Gedanken durch meinen Kopf jagten.
In den folgenden Wochen zermarterte Hali sich sein Herz und Hirn darüber, wie er meine ´Geschlossenen Augen´, so nannte er meinen seelischen Zustand, wieder öffnen könnte. Er wähnte sich immer noch von mir verraten. Zugleich fühlte er sich durch seine Anklage bei Gericht für unser Unglück verantwortlich. Er konnte sich zwar nicht erklären, was zu meinem Sinneswandel genau geführt hatte. Doch vermutete er, dass dieser mit seiner Anklage zu tun haben würde. Tatsächlich glaubte Hali nun, dass mein Verhalten mit seiner Gerichts-verhandlung in Chania zu tun gehabt hätte. Er nahm tatsächlich an, dass ich mich deswegen nie mehr bei ihm gemeldet hätte. Sein Brief aus dem Gefängnis in Hongkong habe mir dann den Rest gegeben, folgerte er.
Dem allem zufolge sprach er in keinem Telefonat mehr den Vorfall an. Erst einmal wollte er mich wieder sehen. Mit der Zeit würden wir darüber schon reden. Er rief mich nun regelmäßig an und versicherte mir mehrmals, dass sich seine Gefühle für mich nie geändert hätten. Ich sei die Liebe seines Lebens, für immer. Für Emily, die Australierin, schien Hali außer Freundschaft tatsächlich nichts zu empfinden.

Irgendwann im Sommer packten meine langjährige Freundin Joyce und ich unsere Siebensachen zusammen und flogen in Richtung Süden,

nach Kreta. Hali baute für uns am Strand von Lendas eine Hütte aus Bambus und hier lebten wir nun einfach in den Tag hinein. Doch während der kretische Sternenhimmel uns früher die ganze Welt vergessen ließ, war jetzt alles komplett anders. Anstelle eines klärenden Gesprächs schlug Hali mir drei Tage nach unserer Anreise schon vor, jetzt Emily und seinen neugeborenen Sohn kennenzulernen, die ihm nach Kreta nachgereist waren. Bedeuteten sie ihm so viel, dass er sie mir ausgerechnet jetzt, bei unserem ersten Wiedersehen, direkt vorstellen musste? Hatte er dann nicht in Wirklichkeit doch viel mehr Gefühle für sie, als er mir gegenüber zugab? Ich stellte mir viele solcher Fragen.
Ein reißender Schmerz, der mich einsam zurückließ, übermannte mich erneut. Ich wusste, dass Hali unschuldig war. Dennoch begriff ich einfach nicht, wie er ein Kind mit einer anderen Frau zeugen konnte. Dass er mir nun die beiden direkt vorstellen wollte, ertrug ich einfach nicht.
Mein Groll galt weder der Frau noch dem Kind. Er galt ihm allein. Vielleicht hatte Emily nicht einmal von meiner Existenz gewusst, als das Kind gezeugt wurde. Ein unschuldiges Kind trug erst recht keine Verantwortung. Ich empfand sogar Mitgefühl für das kleine Wesen. Zum ersten Mal drang nun auch ein weiterer Gedanke in mein Bewusstsein. Was sollte aus dem Jungen werden, wenn er ohne Vater aufwuchs? Sollte ich mich an einem unschuldigen Kind schuldig machen? Mehr Schuld als ich schon hatte konnte ich nicht mehr auf mich nehmen ohne darunter zusammenzubre-

chen. Vielleicht wäre Hali Emily ein guter Mann und seinem Sohn ein guter Vater? Ohne mich!
Mein Vorhaben, Hali von dem, was damals in den drei Wochen nach seiner Abreise aus München geschehen war, bei unserem Wiedersehen zu erzählen, gab ich auf. Trotzig beschloss ich, ihm gar nichts mehr zu sagen. Er verletzte mich zutiefst.
Eine unsichtbare Wand zwischen uns entstand. Hali ahnte nicht einmal, dass es sie gab und auch nicht warum. Er bemerkte zwar meine Kälte. Doch diese schien ihn lediglich und ausschließlich mit seinen eigenen Schmerzen erneut zu konfrontieren. Die gesamte Situation war auch für Hali zu schwierig. Er tat nun so, als ignoriere er einfach, dass alles anders geworden war. So, als ob nichts geschehen sei und sich nichts verändert hätte. Die Zeit, bis mein Studium zu Ende sei, würden wir gemeinsam überstehen, sagte er einmal nur. Ich schwieg, fühlte eiserne Vorhänge in meinem Inneren und wollte weit weg.

Wenig später ergab sich die passende Gelegenheit zur Flucht. Halis Freunde benahmen sich in diesen Tagen allesamt sehr distanziert mir gegenüber. Alle, außer Nikos. Nikos und ich spielten bereits zwanzig Minuten lang schweigend Backgammon, als ich ihn fragte, warum niemand mehr mit mir reden würde. Nikos sagte, dass Hali vor unserer Ankunft allen erzählt hatte, dass seine Frau nach Hause käme. Sie hätten uns nur in Ruhe lassen wollen. Das sei alles.

Ich dachte so etwas wie „Fuck“ und begann mit Nikos Tequilla zu trinken. Nikos hatte einen Adoniskörper, lange, kastanienbraune Haare, und er war mein Ausweg. Diese ganze Episode endete damit, dass ich mit ihm nach Iraklio flüchtete. Joyce kam mit uns. Nikos war ein guter Liebhaber, der mich mein Leid eine kurze Zeit über vergessen ließ. In Halis Nähe, nach der ich mich monatelang so sehr gesehnt hatte, wurde mein Unglück nur noch größer. Der Schmerz, ihn lachend mit Emily und seinem Sohn zu sehen, hatte mich beinahe erneut um den Verstand gebracht.
Bei meinem Abschied von Hali in Lendas hatte dieser mich bestimmt zwanzig Minuten lang angebrüllt. Er begriff nur, dass ich ihn erneut verraten und einfach weggeworfen hatte. Hali zitterte vor Wut am ganzen Körper und schrie aus Leibeskräften, dass ich ihn, seine Familie und alles, was wir je erlebt hätten, nun endgültig und für immer vergessen solle! Er sei jetzt für mich gestorben und ich für ihn!
Doch gestorben war jemand ganz anderer.

Wie aber hätte ich Hali nach allem einfach vergessen können? Tatsächlich verfolgte mich der Gedanke an ihn selbst in meinen Träumen in München noch. Eines Nachts träumte ich von einem seltsamen Wiedersehen mit Hali, das ich zunächst nicht einordnen konnte. An einem langen, goldenen Sandstrand, der an einem stillen Ozean lag, befand sich eine Höhle aus weißem

Kalkgestein. In ihr saß Hali. Er trug nur einen weißen Lunghi, einen indischen Lendenschurz. Darunter war er nackt. Inzwischen war er etwa siebzig Jahre alt geworden, das sah ich seinem Gesicht an. Ich trug ein langes Kleid aus feinstem, weißem Leinen. Nachdem ich ihn von Weitem erkannt hatte, ging ich zu der Höhle und setzte mich wortlos vor ihn. Er nahm meine Hände in seine und sagte: „Endlich bist du gekommen.“ Bezog sich dieser Traum auf unser Wiedersehen in Lendas? Oder bedeutete er, dass ich Hali erneut für lange Zeit verlieren würde?

Der Traum ließ mir keine Ruhe mehr, und ich rief ihn an. Zwar war er immer noch sehr wütend auf mich, doch ich redete was das Zeug hielt und bat ihn mehrmals um Verzeihung. Die Sache mit Nikos könne er mir nicht mehr verzeihen, sagte er. So etwas würde nachher immer wieder passieren. Er würde das alles nicht mehr verstehen und auch nicht mehr verstehen wollen.

Ich weinte und gab nicht auf. Schließlich fragte ich ihn, ob es ihm nicht wehgetan hätte, wenn ich ein Kind von einem anderen Mann bekommen hätte.

Hali dachte nach. Sollte er tatsächlich am Telefon eine Diskussion darüber beginnen, dass schließlich ich und nicht er unauffindbar war? Dass ich ihm den Grund hierfür bis heute nicht genannt hatte? Dass ich zu einem anderen Mann gezogen war? Dass es ihm mittlerweile völlig egal war, ob ich mit diesem Mann etwas hatte oder nicht? Dass ich ihn einfach so in der größten Not verlassen hatte? Dass ich ihn schließlich noch mit

einem Freund von ihm betrogen und sitzengelassen hatte? Sollte er all das sagen? Er schwieg verbittert und dachte darüber nach, dass ich seine einzige und große Liebe gewesen war.
Nach einigem Zögern sagte er: „Okay, Linda, Schwamm drüber."

Kurz darauf besuchte Hali mich in Deutschland, in meiner neuen Wohnung. Immer noch saß der schmerzende Stachel des Gefühls, nicht mehr geliebt zu werden, tief in unserem Fleisch und eiterte vor sich hin.
Wir taten erst einmal wieder so, als ob wir ihn ignorieren würden und redeten über alles, nur nicht über das, was so wichtig gewesen wäre. Genaugenommen weigerte ich mich weiterhin darüber zu reden. Als er einmal nachfragte, was damals wirklich vorgefallen sei, sagte ich nur, dass das alles doch Schnee von gestern und jetzt unwichtig sei. Hali, der sich zwischenzeitlich mit seiner irrigen Annahme, dass ich ihn wegen seinem Gefängnisaufenthalt verlassen hätte, scheinbar abgefunden hatte, erwiderte daraufhin nicht mehr. Genau das, womit wir uns vor weiterer Verletzung zu schützen suchten, verletzte uns nun erneut.
Am Ende seines Aufenthalts beschwerte sich Hali nur noch über das hektische Leben in München, den vielen Autoverkehr, die Abgase, die Anonymität und die Zeit, die hier niemand mehr hätte. Trotz allem hatte er mich eingeladen, die Semesterferien mit ihm auf Kreta zu verbringen und

schmiedete Zukunftspläne. Nach Abschluss meines Studiums würden wir eine Weltreise machen. In gewisser Weise klammerten wir uns beide an dieser Reise fest. In der Hoffnung, dass alles wieder gut werden würde, eines schönen Tages. Der Tag, an dem Hali zurück nach Kreta flog, war traurig, aber er brachte uns nicht um.

Es war schon Winter, als ich einen weißen Briefumschlag, frankiert mit zwei Briefmarken, auf denen bunte Paradiesvögel abgebildet waren, in den Händen hielt.
Während ich die schönen Vögel anstarrte, dachte ich nur traurig, dass Hali und ich mit ihnen nichts mehr gemeinsam hatten. Hali schrieb, dass er in einem Dorf auf einer kleinen thailändischen Insel sei und nicht wisse, wie lange er dort bliebe. Er sei extra wegen mir noch einmal zu der nächstgelegenen, größeren Insel gefahren, um mir diesen Brief zu schicken. Am Strand sei öfter eine Party. Und ohnehin, das Leben in Thailand sei viel besser als im gefühlskalten Europa. Die Mentalität der Menschen sei mit der der Europäer nicht vergleichbar. Sie seien stets freundlich, sanft und friedfertig.
Unterschrieben nur mit: „Hope to see you soon."
Ich heulte laut, vor Wut und Enttäuschung!
Schon drei Wochen nach seiner Abreise aus Deutschland hatte Hali mir mit scheinbar gelassener Stimme am Telefon erzählt, dass er sich ein Flugticket nach Thailand gekauft hätte.

Ich schwieg verbittert. Mit Tränen in den Augen, die er nicht mehr wahrnahm, wünschte ich ihm eine gute Reise. Davon überzeugt, dass Emily und sein Sohn ihm viel näher standen als ich es noch tat, vermutete ich, dass er noch einmal zu den Wurzeln unserer Trennung zurückkehren würde, um dieses Mal andere Schlüsse zu ziehen. Ich malte mir genauestens aus, was auf den Partys am Strand passieren würde, und fragte mich, mit wem Hali mich nun betrügen würde. Würde er schließlich als zweifacher Vater nach Europa zurückkehren? Es reichte. Alles in allem aber war ich einfach nur untröstlich. Wie sollte ich leben, wie atmen, ohne ihn?

Atme!

„Lass dich Geliebte nicht reuen,
dass du mir so schnell dich ergeben!
Glaub' es, ich denke nicht frech,
denke nicht niedrig von dir.
Vielfach wirken die Pfeile des Amor:
einige ritzen, und vom schleichenden Gift
kranket auf Jahre das Herz.
Aber mächtig befiedert,
mit frisch geschliffener Schärfe
dringen die anderen ins Mark,
zünden behände das Blut."

Goethe, Römische Elegie

Halis Abwesenheit hatte tiefste Schmerzen in mir hinterlassen. Ohne ihn, den ich im Zuge all der verwirrenden Ereignisse nun verloren glaubte, fühlte ich mich restlos am Boden zerstört. Unsere Versuche, wieder zueinander zu finden, waren kläglich gescheitert, und Halis zweite Reise nach Thailand warf mich endgültig aus der Bahn.
Ganz wie einst Attis, Kybeles männliche Ergänzung, bewegte nun auch mein Hali seit unserem letzten Wiedersehen nicht mehr als seinen kleinen Finger. Nun war er auch noch für Monate in Thailand verschollen. Ganz wie einst Kybele war auch ich untröstlich. Mein Herz krankte seit Langem an einem unüberwindlichen Verlust. Das schleichende Gift der Lüge und des Verrats, das Goethe in

einer seiner römischen Elegien beschrieb, hatte auch unsere Liebe vergiftet. Es hinterließ unsere Herzen kalt und krank. Ich musste mein gesamtes Leben neu ordnen und beginnen, um nicht an den Verlusten zugrunde zu gehen. Es gab keinen anderen Ausweg mehr.
Nur ein einziger Philosoph hatte mich mit seinen Worten je erreicht. Er hieß Jean Paul Sartre. Nach der Lektüre seines Buches „Das Spiel ist aus“ beendete ich mein Studium der Philosophie. Um einen neuen Anfang zu demonstrieren, beendete ich auch das Griechisch Studium. Es war sinnlos geworden. Ohnehin hatte ich es nur für Hali getan. Italienisch studierte ich weiter und wählte Englisch und Französisch neu hinzu. Das Buch, das von der Liebe eines Rebellen und einer Dame handelt, erschien mir wie ein Wink des Schicksals. Beide Figuren durften nach ihrem Tod das Rad des Schicksals noch einmal zurück-drehen, unter der Bedingung, sich dieses Mal der Liebe ganz hinzugeben. Doch sie verloren auch ihr zweites Leben, an denselben Gegebenheiten. So, wie auch Hali und ich unser zweites Leben verloren. Ein drittes Leben gab es nicht mehr. Das Spiel war aus!

Sein Name war Daniel. Oft traf ich ihn scheinbar zufällig in der Münchener City, und während dieser kurzen Begegnungen hatten wir vielsagende Blicke ausgetauscht. Eines Tages aber fragte er mich nach meiner Telefonnummer. Ich gab sie ihm, und schon am nächsten Tag rief er mich an.

Direkt sprang zwischen Daniel und mir der Funke über. Doch war es war die letzte Glut in unseren Augen, die unsere Herzen in Brand setzte.
Über ein halbes Jahr war seit Halis Brief aus Thailand vergangen, als er sich plötzlich wieder bei mir meldete. Darüber, dass ich einen neuen Freund hatte, zeigte er sich nicht sonderlich erstaunt. Vielmehr tat er so, als ob ihn dies gar nicht berühren würde, während er ein leises Stechen in seinem Herzen verspürte. Mit scheinbarer Gleichgültigkeit erzählte er mir im Gegenzug, dass er in nächster Zeit Emily und seinen Sohn in Australien besuchen würde. Emily sei nach ihrem Aufenthalt in Kreta mit Joshua wieder nach Hause zurückgekehrt. Es tat immer noch weh. Ich liebte Hali. Dieses Gefühl ließ sich nicht abstellen. Ich konnte es nicht mehr ungeschehen machen. Daniel spürte es und war eifersüchtig, sehr eifersüchtig. Ich bat Hali, mit Schmerzen in der Seele, mich nicht mehr anzurufen. Daniel akzeptierte unseren Kontakt nicht, und daran hielt Hali sich.
Daniels Körper war makellos und athletisch. Er war groß und hatte gewelltes, hellbraunes Haar, das ihm bis zu den Schultern reichte. Sein Teint war goldbraun und seine hellbraunen Augen, die gerade Nase und seine geschwungenen Lippen ergaben ein überdurchschnittlich schönes Gesicht. Nicht selten sahen ihm Frauen auf offener Straße nach, selbst wenn ich dabei war. Er sah einfach sehr gut aus.
Was seine Herkunft betraf, so wurde er von Gott jedoch leider nicht mit so viel Glück gesegnet.

Seine Mutter starb, als er gerade zwei Jahre alt war. Seinen leiblichen Vater hatte er nie kennengelernt. Sein Adoptivvater wurde mit Daniel nicht fertig und nachdem dieser ihn, in seiner Ohnmacht, mehrmals verprügelt hatte, schob er ihn einfach ab. Mit fünf Jahren kam Daniel in ein Kinderheim. All diese Erfahrungen ließen ihn mit unsäglichen Gefühlen weiterleben.
Aus seiner Einsamkeit und seinen Schmerzen entstand später sein Fanatismus für die Kunst. Die Kunst wurde seine Zuflucht, sein Heilsweg und Schicksal zugleich. Daniel war Bildhauer. Er hatte eine überdurchschnittlich hohe Begabung. Dieser verdankte er es, dass er, als er das Heim verließ, direkt eine Lehrstelle bei einem international anerkannten Bildhauer fand.
Nach Beendigung seiner Ausbildung bot man ihm die Verträge an, von denen andere nur träumten. Ohne dass er es jemals beabsichtigt hatte kam Daniel in gehobene Kreise. Sein Können machte ihn interessant. Die einen wollten ihn profitabel vermarkten, die anderen schmückten sich gerne mit wichtigen, bekannten Menschen. Nachdem er dies durchschaut hatte, überkam ihn ein tiefer Hass. Selbst zu den Eröffnungen seiner Ausstellungen zu gehen kostete ihn noch Überwindung. Schließlich zog er sich komplett aus der Öffentlichkeit zurück. Er hasste sie alle zutiefst. Die, die ihn als Kind im Stich ließen. Die, die ihn als Erwachsenen nur benutzen wollten. Alle waren gleichermaßen Zielscheibe seines Hasses, außer Tamara. Doch die Tochter eines reichen Managers ließ das Kind, mit dem sie von ihm schwanger war

einfach abtreiben und heiratete einen reichen Fabrikantensohn. Daniel aber liebte Tamara, egal, was sie ihm auch antat. Die rassige Schönheit, mit ihren langen schwarzen Haaren bis zum Gesäß, hatte ihm restlos den Kopf verdreht und beinahe den Verstand geraubt. Es fiel ihm wirklich sehr schwer, sie zu vergessen. In seiner Fantasie war sie vermutlich so etwas Ähnliches wie eine Zarentochter oder eine Madonna.
Seit dieser Enttäuschung, die nun etwa ein halbes Jahr zurücklag, betäubte Daniel seinen ganzen Hass und auch all seine Schmerzen mit Kokain. Während er tagsüber gänzlich damit beschäftigt war, seinen Lebensunterhalt zu verdienen, ging ich in die Uni oder lernte für Prüfungen. An den Wochenenden besuchten wir gemeinsam Restaurants, Bars und Diskotheken und tranken, kifften und koksten so viel wir eben konnten. Am liebsten wären wir in Amnesie gefallen. Wir dachten nicht mehr darüber nach, was wir taten, und lebten, als ob es kein Gestern und kein Morgen geben würde. Und plötzlich, völlig unvermittelt und unerwartet, gingen auch die Türen unserer verletzten Herzen wieder auf. Aus unserer Verliebtheit des Anfangs wurde Liebe.

Manches Mal, wenn ich Daniel ansah, konnte ich mir nicht mehr vorstellen, dass es einen schöneren Mann als ihn gab. In diesem glücklichen Zustand verbrachten wir mehrere Monate, in denen er mich für einen Engel hielt, den Gott ihm geschickt hatte, um ihm zu zeigen, dass es die wah-

re Liebe doch noch gab.
„Linda, ich liebe dich so sehr“, sagte er mehr als einmal und auch ich war glücklich, erfüllt von derselben Liebe.
Die Magisterprüfung bestand ich mit der Note gut. Daniel schlug vor, einen Städtetrip nach Rom zu machen. Eine Sight Seeing Odyssee begann. Unser Hotel befand sich zwei Straßen oberhalb der berühmten Spanischen Treppe. Zu deren Füßen lag die Via Condotti, eine der besten Adressen Roms für Mode. Doch weder Gucci noch Prada noch Armani interessierten Daniel. Ihn begeisterten solche Baudenkmäler wie das Pantheon, das Colosseum und das Forum Romanum. Das Pan-theon, einst als Tempel für die Götter erbaut, ist das älteste erhaltene Gebäude Roms und der am besten erhaltene Bau der Antike. Daniel war fasziniert. Bei den grausamen Schauspielen und Kämpfen zwischen Mensch und Tier im Colosseum kamen bis zu einer halben Million Menschen ums Leben. Doch er bewunderte das größte Amphitheater der Welt. Das Forum Romanum allerdings versetzte ihn in Ekstase. Er sah nahezu bildlich vor sich, wie hier römische Geschichte geschrieben wurde. Vom Hügel des Capitolino, einer der sieben Hügel Roms, hatten wir den besten Ausblick auf das Forum Romanum und die Stadt. Von dort aus war noch besser zu erkennen, dass das ehemalige gesellschaftliche und politische Zentrum Roms nur noch aus Ruinen von Tempeln, Säulen und Triumphbögen bestand.
Ich konnte den Enthusiasmus, mit dem Daniel sich in all das hineinsteigerte, nicht nachempfind-

en. Während wir die Denkmäler besichtigten, fand ich sie sehr erhaben, doch weiter sagten sie mir nichts. Ganz so wie es Goethe in folgender Römischen Elegie beschrieb:

„Saget Steine mir an,
o sprecht ihr hohen Paläste!
Straßen redet ein Wort!
Genius regst du dich nicht?
Ja, alles ist beseelt in deinen heiligen Mauern,
Ewige Roma,
nur mir schweiget noch alles so still."

Während Daniel die unzähligen antiken Bauwerke bewunderte, ging ich schweigend neben ihm her und beobachtete das römische Leben. Es war faszinierend und laut. Ein großer Vorteil der Kirchen lag vor allem darin, dass es in ihrem Inneren kühl und ruhig war. Das wahre Leben Roms fand an den zahlreichen Piazzen statt, an deren Brunnen und in deren Eisdielen und Cafés. Die Sonne und die mediterrane Lebensart spendeten mir neue Lebensenergie.
Drei Monate lang hatte ich jeden Tag mehr als acht Stunden vor dem Schreibtisch mit Lernen verbracht. In meinem Nacken befand sich eine in Beton gegossene Steinplatte. Daniel massierte mich nun täglich, und langsam entspannte ich mich wieder. Unterdessen bröckelte auch der mentale Stress des Examens, in Form von verstaubten Gedankenfelsbrocken, endlich wieder von mir ab. In meinem Herzen tat sich eine seltsame Leere auf. Diese Leere weckte eine große alte

Sehnsucht aufs Neue. Die Sehnsucht nach Liebe. Und ohne die Liebe wäre auch für mich Rom nicht Rom gewesen.
So Goethe:

„Doch bald ist es vorbei,
dann wird nur ein einziger Tempel,
Amors Tempel nur sein,
der den Geweihten empfängt.
Eine Welt zwar bist du,
o Rom, doch ohne Liebe,
wäre die Welt nicht die Welt,
wäre denn Rom auch nicht Rom."

Das Hotel Sofitel Roma war ein ehemaliger umgebauter Stadtpalast und hatte eine wirklich historische Ausstrahlung, eine sehr geschmackvolle Einrichtung, bequeme Betten, großzügige Bäder und eine Dachterrasse mit einer grandiosen Aussicht. Dies machte uns das Leben angenehm. Doch war Daniels Eifer, ganz Rom zu sehen, in den ersten Tagen nicht zu bändigen. Erst am Mittag des vierten Tages hatten wir endlich alle beide dicke Füße, und ich bekam mehr Liebe. Daniel schlug vor, den Rest des Tages im Hotel zu verbringen. Nach einer heißen Dusche nahm ich mir etwas zu trinken aus der Minibar und zog die Vorhänge zusammen.
„Komm zu mir ins Bett, Linda. Ich bin so froh, dass wir hier zusammen sind", sagte er.
„Liebst du mich noch?", fragte Daniel weiter, während ich mich in seine Arme schmiegte und er über meine Haare und meinen Rücken streichelte.

Seine schönen Augen lachten, als ich ihn ansah. Ich nickte. Eine warme Welle strich mir sanft ums Herz. Natürlich liebte ich ihn noch!

Schließlich besichtigten wir, auf der anderen Seite des Tiber, noch den Petersdom. Die Grabeskirche des Apostels Petrus ist eine der größten christlichen Kirchen der Welt. Sie ist zwar nicht der offizielle Sitz des Papstes, doch hier hält er fast alle seine Messen. Simon, Fischer am See Genezareth, war einer der ersten Jünger Jesu. Da Jesus sich nicht gegen die Ehe äußerte, aber die Scheidung nur in sehr wenigen Ausnahmefällen erlaubte, ist es möglich, dass auch Simons Frau Jesus nachfolgte. Sein Beiname Petrus stammt aus dem Hebräischen und bedeutet auch ins Griechische übersetzt Stein oder Fels, wobei andere Interpreten davon ausgehen Jesus habe ihn auf Aramäisch, im Sinne eines seltenen Edelsteins, so genannt.

Auf ihn, sagte Jesus, werde er seine Kirche oder Gemeinde bauen, die auch von der ganzen Unterwelt nicht überwältigt werden könne. Im Zuge von Jesus Kreuzigung versuchte Simon dessen Verhaftung mit Waffen zu verhindern und verleugnete diesen. Doch später weinte er und nach Pfingsten bekannte er sich vor dem Hohen Rat als Leiter der Urgemeinde. In der altorientalischen -, orthodoxen -, und römisch – katholischen Kirche wird Petrus als Heiliger verehrt. Die römisch - katholische Kirche führt das Papsttum auf Petrus zurück, denn er war Sprecher der Jünger, Hirte der Urgemeinde, der erste Bischhof von Antiochia, sowie der Gründer und das Haupt der römischen

Gemeinde. In Rom wurde er als Märtyrer hingerichtet. Jesus hatte seinen Jüngern Verfolgung und Tod vorausgesagt. Petrus erklärte sich bereit. In der sixtinischen Kapelle wird der Papst gewählt. Es war unvermeidbar auch sie aufzusuchen. Michelangelo, der geniale und berühmte Bildhauer, Maler, Architekt und Dichter, war Daniels größtes Vorbild. Daniel stand somit staunend und mit offenem Mund in der sixtinischen Kapelle. Vor den Vatikanischen Museen und dem Papstpalast standen Gott sei Dank überall Menschenmassen, hinter langen Schlangen Wartender. Ich bettelte Daniel an zum Hotel zurückzukehren. Nur in Anbetracht seines Kreislaufs willigte er ein. Es folgte eine weitere traumhafte Nacht.
Wie Goethe wünschte auch ich mir noch länger in Rom bleiben zu können.

„O wie fühl‘ ich mich in Rom so froh!
Gedenk‘ ich der Zeiten,
Da mich ein graulicher Tag
hinten im Norden umfing,
Trübe der Himmel
und schwer auf meinen Scheitel sich senkte,
Farb- und gestaltlos die Welt
um den Ermatteten lag,
und ich und mein Ich, des unbefriedigten Geistes,
Düstre Wege zu spähn,
still in Betrachtung versank...
Dulde mich Jupiter, hier,
und Hermes, führe mich später,
Cestius´ Mal vorbei,
leise zum Orcus herab.“

Doch Jupiter duldete uns nicht länger. Daniel hatte einen Auftrag, den er fertigstellen musste, kein Geld und kein Kokain mehr.
Zum Abschied von Rom schmissen wir auf der Piazza di Navona jeder eine Münze rückwärts über die Schulter in die Fontana di Trevi, Roms größten Brunnen. Dies sicherte, einem Aberglauben zufolge, jedem die Rückkehr in die ewige Stadt. Schon Vergil prophezeite in der Äneis, dem römischen Nationalepos, die Ewigkeit Roms. Sollten Rom und unsere Liebe tatsächlich ewig währen?

Die Diskrepanz zwischen unserem Kurzurlaub in Rom und dem Alltag in München hätte nicht größer werden können!
Wieder zu Hause, kreisten unsere Gedanken um völlig verschiedene Themen. Daniel hatte seine Arbeit, in die er sich, durch Rom inspiriert, nun komplett hineinsteigerte. Mitunter schien er ganz in eine andere Welt entflohen zu sein, in die ich ihm nicht mehr folgen konnte. Zudem lebte er mittlerweile wie ein Bohemien. Morgens schlief er, dann ging er essen. Den Nachmittag vertrieb er sich mit seinem künstlerischen Schaffen, bevor er abends im Nachtleben der Großstadt untertauchte.
Währenddessen war ich damit beschäftigt, mein Leben in geordnete Bahnen zu lenken und eine Arbeit zu finden. Ich hatte nichts, kein Studium mehr und noch keine Arbeit. Ich stand um halb neun Uhr auf, er frühestens um halb ein Uhr. Abends war ich müde und Daniel war hellwach.

Mittlerweile waren wir alle beide kokainsüchtig. Schleichend hatte die Droge von uns Besitz genommen, ohne dass wir es anfänglich bemerk-ten. Doch jedes High durch die Droge war nun nur noch ein kurzer Traum vor dem erneuten Erwachen. Ein Erwachen, das die Versuchung, sich erneut zu betäuben, beständig vergrößerte. Die Droge hatte sich in unsere Gehirne gefressen und sich derer bemächtigt. Kokain war wie ein Imperator, der keine Ruhe gab, bis er die zu besetzenden Gebiete vollständig unterworfen hatte und hier nur noch seine Gesetze galten. Diese waren unmenschlich und erbarmungslos. Sie zwangen einen zum Verrat, im Namen seiner Ehre. Wer nicht folgte, wurde langsam in den Wahnsinn getrieben.

Mir wurde klar, dass ich mein sinnloses und selbstzerstörerisches Unterfangen für immer und ewig beenden musste, wenn ich überleben wollte. Dabei war meine Willenskraft das Einzige, was mich jetzt noch retten konnte. Ich beschloss, kein Kokain mehr zu nehmen, nie mehr in meinem Leben. Daniel aber wollte nicht damit aufhören. Er befand sich in zu großen Schwierigkeiten, sobald er kein Kokain mehr hatte. Die Einsicht, einen Arzt aufzusuchen, hatte er einfach nicht.

Es kam zu mehreren Streitereien zwischen uns, die nur dazu führten, dass er die Wohnung verließ und erst ein bis zwei Tage später zurückkehrte. Zwei unterschiedliche Trotzreaktionen, mit denen jeder von uns versuchte, den anderen auf sich aufmerksam zu machen und auf seine Seite zu ziehen, prallten aufeinander. Ein Kampf der Kräfte begann. Unser gesamter Lebensrhythmus wurde ein einziges unmelodisches Chaos. Nichts passte mehr zusammen. Schließlich war ich der ewigen Streitereien müde. Sie blieben ohnehin fruchtlos, da Daniel sich ihnen ganz einfach entzog. In einer Nacht- und Nebelaktion zog ich um. Ich würde es auch alleine schaffen.

Kokain war der schlechteste Freund der Welt. Wenn man ihn verlassen wollte, dann richtete er einen erst recht zugrunde. Kein Kokain mehr zu nehmen und nicht mehr kokainsüchtig zu sein sind zwei verschiedene Dinge.

Als Erstes bekam ich Atemnot. Ob in der Bibel oder in den fernöstlichen Lehren, überall fand ich Beispiele dafür, dass der Atem der Träger allen Lebens ist. Durch ihn, den göttlichen Atem, wird der Seele Leben eingehaucht. Mir wurde schmerzlich bewusst, dass ich die Verbindung zum Leben verloren hatte. Der Atemnot folgten Schlafstörungen, Kreislaufprobleme und auch Schweißausbrüche. Das Schlimmste aber waren wahnsinnige Angstzustände, die aus ungeahnten und dunklen Ecken auf mich zu krochen. Ich bekam Verfolgungswahn, auch Paranoia genannt, die vielleicht tatsächlich allerschlimmste Entzugserscheinung von Kokain.

Nach der ersten Woche meines Entzugs war ich körperlich und seelisch am Ende. Währenddessen hatte sich draußen der Regen, aus grauen Wolken herabfallend, durch hässliche Straßen vorwärts gepeitscht. Das Kostbarste aber in meinem Leben schien endgültig verloren, die Liebe und mit ihr jede Hoffnung. Schließlich wusste ich nicht mehr, wie ich mit allem fertig werden sollte und weinte nur noch. Eine gute Heilpraktikerin verschrieb mir starke homöopathische Medikamente. Sie entgifteten und vertrieben die Entzugssymptome. Sie sollten auch bei traumatischen Erlebnissen helfen. Die Anflüge von Paranoia aber nahmen kein Ende.

Eines Abends schellte an meiner Türe ein sehr blasser Daniel. Durch Freunde hatte er erfahren, wo ich mich aufhielt. Sein Gesicht wirkte schmal und eingefallen.
Als ich ihm in die Augen sah und „Komm herein!" sagte, blickte er nervös zur Seite. Es fiel ihm schwer, sich der Situation zu stellen, gleichzeitig wäre es noch schwerer gewesen, dies nicht zu tun. Während wir am Wohnzimmertisch saßen, starrte er mich schweigend an und ich blickte wortlos zurück. Eine spürbare Melancholie breitete sich in Sekundenschnelle im Raum aus. Ich liebte ihn immer noch genauso wie er mich immer noch liebte.
Schließlich brach ich das Schweigen und sagte: „Es tut mir leid!"
Daniel stutzte kurz und erwiderte nur: „Mach dir keine Sorgen um mich."
Doch sein Gesicht sprach eine andere Sprache. Es sagte vorwurfsvoll, wobei er genau wusste, dass sein Einwand unberechtigt war: „Du hast mich verlassen!"
Da ich mir nicht den Schwarzen Peter zuschieben lassen wollte, drehte ich den Spieß herum.

So erfuhr ich auf meine Nachfragen hin, dass Daniel eine Bildhauerin kennengelernt hatte, bei der er nun regelmäßig die Nächte verbrachte. Ich spürte einen heftigen Stich in meiner Brust. Doch die hinter mir liegenden Schmerzen waren zu groß, um jetzt ein Drama aufzuführen.

Ich ließ mir nichts anmerken und fragte ihn mit leicht zynischem Unterton: „Und? Was für Pläne habt ihr?“

Daniel, der sich seines Versagens in der letzten Zeit bewusst geworden war, sah zerknirscht auf den Parkettboden, als ob dort rettende Antworten bereitlägen.

„Keine Pläne“, antwortete er schließlich.

„Vielleicht wird ja in nächster Zeit mehr daraus“, erwiderte ich.

Daniel sagte nur niedergeschlagen: „Ich weiß es nicht.“

Unsere Trennung war endgültig besiegelt. Eifersucht stieg in unseren Herzen auf wie ein Blitz am Himmel. Doch er war Ehrenmann genug, und ich war stolz genug, um sie voreinander zu verbergen. Auch wenn ich ihn verlassen hatte. Er war es doch, der mich verließ. Mein Auszug hatte ihm zwar gezeigt, wie sehr er mich noch liebte, aber er hatte keine Kraft mehr, um sich in irgendeiner Form für unsere Liebe einzusetzen. Kokain war es, was uns schließlich trennte. Daniel drehte sich nicht einmal mehr um, als er die Türe hinter sich schloss und ging. Niemand sollte seine Traurigkeit sehen.

Daniel und ich waren wie zwei große, ächzende, alte Bäume, die von einem Orkan zerschlagen worden waren. Gott hatte sie wohl damals nebeneinander gestellt, damit sie einander stützten und sie nicht ganz alleine blieben, in ihrer Verzweiflung und Einsamkeit.

Wir verbargen ein Trauma in uns und versagten in unserer ersten großen Liebe, vermutlich genau deswegen. In einem Meer aus Einsamkeit waren wir nun erneut gescheitert, an derselben alten Wunde. Daniels Trauma war älteren Datums. Es lag in seiner Kindheit begründet, war es unheilbar. War meines heilbar?

Die Nachtwächterin

Ich, Linda, die Nachtwächterin, hielt Rückschau. Die Meisterin ist in mir, in dir und unsäglich vielen Dingen, hatte einst meine innere Stimme zu mir gesprochen. Sie kann dein Leben retten, hatte sie gesagt. Sei mutig! Lebe an einem schönen Ort, an dem die Menschen liebevoll und friedlich sind. Warte auf den Mann, den du liebst und der dich liebt. Er war ein Indianerjunge, mit einem weißen Pferd, und dieses Pferd hatte einen Astralleib ...

Jo fuhr einen dunkelroten Oldtimer mit schwarzen Ledersitzen und einem Armaturenbrett aus Mahagoniholz. Er war Koksdealer. Er wirkte sehr männlich, sah aber für meinen Geschmack zu verwegen aus. Trotz seiner hellblonden Haare und stahlblauen Augen. Als eines der vielen Kinder einer alleinerziehenden Alkoholikerin verbrachte er die Hälfte seiner Jugend in einem Heim für Schwererziehbare.
Ich, Kind einer Akademikerfamilie, war die Verkörperung seines Traums einer besseren Welt. Er bedrängte mich nie und behandelte mich stets wie eine Prinzessin. Wir gingen regelmäßig spazieren, schwimmen, in die Sauna, und einmal nahm er mich sogar mit nach London. Jo, eigentlich hieß er Josef, hatte eine Menge lebensphilosophischer Sprüche auf Lager, wie: „Linda, das Leben ist eine Reise“ oder „Linda, du bist der Meister deines Schicksals“.

Er war zwanzig Jahre älter als ich und wusste immer eine Lösung, für jedes Problem. In seiner Nähe fühlte ich mich sicher und stark. Unsere Gespräche gaben mir Zuversicht und Selbstvertrauen. Ich mochte ihn sehr, lernte viel von ihm, und er schenkte mir Kokain.

Jo lebte sehr gut von dem Elend anderer. Das war nicht gut, nicht edel, es war gemein. Doch damals war er in meinen Augen ein Held. Er nahm sogar das Risiko auf sich, ins Gefängnis gesperrt zu werden. Alles nur für etwas, das manche Menschen mehr brauchten als alles andere, die Vergessenheit.

Meine Mutter reichte die Scheidung ein. Es war das Jahr 1980. Ich wurde achtzehn Jahre alt.

Mit siebzehn nahm ich das erste Mal Kokain.

Naiv, wie ich war, hatte ich mich von einem Fremden zum Kiffen einladen lassen. Wir waren bei ihm zu Hause, er hatte nur ein kleines Zimmer, hörten Musik und hatten gerade geraucht. Er saß im Sessel und öffnete seine Hose. Dann stand er unvermittelt auf, ging zur Türe, schloss ab, zückte ein Butterfly und meinte, ich solle mich ausziehen. Dabei sah er mich mit einem Blick an, der das Blut in meinen Adern gefrieren ließ. Ohne nachzudenken packte ich den Kessel mit kochendem Teewasser, der auf einem kleinen Herd vor dem Hinterhoffenster vor sich hin kochte, öffnete das Fenster und schrie aus Leibes-kräften: „Hilfe! Polizei!“ Dabei hielt ich den Kessel mit dem kochenden Wasser in seine Rich-

tung. Gott sei Dank schien ihn das und mein lautes Schreien zu beeindrucken. Er ging zur Türe und schloss auf. Ich kann mich nicht daran erinnern, jemals in meinem Leben so gerannt zu sein. Ich stürzte die Treppen hinunter, schmiss dabei den überschwappenden Teekessel von mir und rannte in Richtung Straßenbahn, bis ich keine Luft mehr bekam.
Kurz darauf war wieder einmal eine der Liebschaften meines Vaters aufgefallen. Als mit diesem Umstand die Scheidung meiner Eltern endgültig besiegelt war, rastete mein Vater, der mich nie zuvor geschlagen hatte, völlig aus. Prellung an der linken Schulter. Er habe jetzt keine Tochter mehr, sagte er. Eine Türe, die hinter mir zuknallte. Ich heulte wie ein Schlosshund. Ohnmächtig, hilflos und verletzt. Das war der Tag, an dem ich meinen Vater verlor. Meine Mutter kam mit Magendurchbruch ins Krankenhaus.
Vielleicht wurde ja genau in diesem Jahr der Grundstein meines Unglücks gelegt? Schon damals wurde ich Opfer von Gewalt und Verlust und versuchte meinen Schmerzen mit der einen teuflischen Droge ein Ende zu bereiten. Vielleicht wiederholten sich alle Ereignisse, nur in anderen Formen? Mussten sie sich etwa so lange wiederholen, bis ich die Lektion gelernt hatte? Oder lag die Ursache meines Scheiterns in noch weiterer Ferne?

Als ich sechzehn Jahre alt war, arbeiteten meine Eltern immer sehr viel. Wenn sie sich nicht gerade stritten, hatten sie sich bereits nichts mehr zu sagen. Ein Widerwort von mir genügte, um mich anzuschreien oder in mein Zimmer zu schicken und mir Stubenarrest zu erteilen. Stummer Protest brachte gar nichts. Lauter Protest nur noch mehr Probleme. Ich kam mir vor wie der Sündenbock ihrer gescheiterten Ehe.

Nachmittags war Gott sei Dank niemand zu Hause. Meine Freundinnen und ich tranken heimlich die Hausbar leer, rauchten Joints und hörten Bob Marley „Babylon by bus“.

Einmal sprach ich meine Oma auf die vergiftete Atmosphäre bei uns zu Hause an. „Ich habe ja deiner Mutter immer gesagt, das Jüngelchen läuft, wie schon sein Vater gelaufen ist!“, sagte sie nur. Er betrog also meine Mutter, und sie machte gemeinsame Sache mit ihrem eigenen Verräter. Ich kam mir von beiden verraten und verkauft vor und verlor den letzten kindlichen Respekt vor meinen Eltern. So beschloss ich früh, mein Leben selbst in die Hand zu nehmen und hielt mich an keine von ihnen aufgestellte Regel mehr.

Meine Eltern verliebten sich ineinander, als meine Mutter achtzehn und mein Vater fünfundzwanzig Jahre alt war. Mit neunzehn wurde meine Mutter schwanger. Sie heirateten. Optisch waren sie ein schönes Paar. Mein Vater, groß und athletisch, erinnerte einen mit seinen kurzgeschorenen, dichten braunen Locken unweigerlich an einen französischen Filmschauspieler. Hatte er seine Lesebrille auf, so wirkte er, in Anbetracht seiner hohen Stirn, wie ein Gelehrter. Meine Mutter war eine echte Schönheit. Mit ihrem makellosen Körper und der langen, blonden Mähne hätte sie gut auf dem Cover der Vogue posieren können. Ich dachte oft, dass ihr schönes Inneres sich in ihrem Aussehen spiegeln würde. Es entsprang ihrer Güte, dass sie schon als Kind Ärztin werden und kranken Menschen helfen wollte. Während die Berufswahl meines Vaters letztlich daraus resultierte, dass er seinem Vater etwas beweisen wollte. Mit der Zeit stellte sich heraus, dass meine Eltern völlig unterschiedliche Interessen hatten. Meinen Vater, Anwalt für Wirtschaftsrecht, interessierten neben seiner Arbeit nur Partys und schöne Frauen. Er war ein Pragmatiker, Rationalist und Egoist. Meine Mutter liebte ein schönes Zuhause. Sie war eine Idealistin, Romantikerin und Humanistin. Zwischen ihren Seelen taten sich Abgründe auf, die sich irgendwann nicht länger unter den Teppich kehren ließen.

Einsamkeit!

Bis dass der Tod euch scheidet!

Ich, genannt der Sündenbock!

Eine ungeplante Schwangerschaft zwang tatsächlich über Jahrhunderte hinweg Millionen von Frauen ungewollt an die Seite von Männern. Wie unglücklich viele Frauen darüber waren, bekannte in den siebziger Jahren endlich die Frauenbewegung der ganzen Welt. Damals protestierten die Frauen öffentlich gegen unbezahlte Hausarbeit, eine ungleiche Entlohnung und auch ungleiche Rechte.

Im Mittleren Osten, in den muslimischen Ländern, protestierten die Frauen ja deutlich weniger. Wer wollte denn auch schon bei lebendigem Leib eingemauert werden? Doch meine Mutter war keine Emanze. Sie war Katholikin. So bot sie einem Schicksal die Stirn, dem sie sich besser nicht gestellt hätte. Und während sie durchhielt, tat mein Vater es seinem Vater gleich.

An meinem fünfzehnten Geburtstag sagte meine Mutter mir, wenn ich die Antibabypille nehmen wolle, dann könne ich mit ihr reden. Ich verstand sie damals nicht, denn ich hatte sie nie nach der Pille gefragt. Folglich gab mir die ganze Schuld an ihrem Unglück. Es schien mir eine logische Schlussfolgerung zu sein, dass meine Mutter mich vor ihrem Schicksal bewahren wollte. Wäre ich nicht geboren worden, hätte sie meinen Vater nicht ertragen müssen. Das stand fest. Ich folgerte, dass meine Eltern mich nie wirklich gewollt hatten.

Um mich zu entspannen, drehte mein erster Freund mir wenig später den ersten Joint meines Lebens an. Ich lag steif wie ein Brett im Bett. Er war nicht besonders zärtlich. Meine Entjungferung glich einer kleinen Operation. Er zog das Kondom über. Ich machte die Beine breit und er stieß zu. Es zog und brannte kurz, als das Jungfernhäutchen durchtrennt wurde. Dummerweise hatte ich der Vorstellung, endlich eine richtige Frau zu sein, nicht widerstanden.

Obwohl ich doch in meinem tiefsten Innersten ganz genau wusste, dass er mich nicht wirklich liebte. Zwei Wochen später erfuhr ich also, dass er mich seit Monaten betrog, und heulte stundenlang. Von diesem Tag an wollte ich keine zehn Lidschatten Puderdöschen, keine rosa oder roten Fingernägel und keine sexy Seidenkleider mehr. Und nie mehr Pumps! Meine Augen umrandeten fortan schwarze Linien aus Kajal. Ich trug nur noch Jeans und Turnschuhe. Unbewusst hatte ich wohl das Muster meiner Eltern wiederholt. Mein Schmerz sollte mich wecken.

Als mein Paradies den ersten Riss bekam aber war ich erst zwölf Jahre alt. Er war jedoch nur einer jener Risse, den man schnell wieder kleben konnte und die man nachher fast nicht mehr sah. Meine Mutter packte ihre Koffer und brachte mich zu ihren Eltern. Eine Woche später holte sie mich wieder ab. Ich wusste, dass sie nicht im Urlaub war.

Die Eltern meiner Mutter pflegten zu sagen: „Wir waren Katholiken, keine Nazis." In ihrem Elternhaus ging es stets ruhig, friedlich und liebevoll zu. Täglich wurde vor jedem Essen, ja vor jedem Essen, ein kurzes Dankesgebet gesprochen. Ihre Eltern liebten sich und ihre vier Kinder. Sie waren immer füreinander da und gingen freundlich und liebevoll miteinander um.

Mein Großvater väterlicherseits hingegen war Funktionär in der NSDAP. In seiner Freizeit gab er sich bevorzugt dem Vergnügen mit anderen Frauen hin.

Die innigste Zuwendung meinem Vater gegenüber bestand darin, ihn für schlechte Noten zu verprügeln, seinen Töchtern gegenüber war er milder.

Zum ersten Mal dämmerte mir, was der weise Philosoph Heraklit wohl meinte, als er sagte: „Der Krieg ist aller Dinge Vater.“ War auch mein Vater nur ein Opfer? Ein Opfer vorheriger Generationen, von denen man mir nie erzählt hatte? Wo fingen alle diese Kriege an? Sie begannen in den Herzen der Menschen, tradiert über Generationen und Generationen hinweg. Wer war wirklich schuld daran? Oder war das Wort Schuld nur eine wietere Vokabel aus dem Lexikon der Scharlatane!

Trotz all dem hatte ich in meiner Erinnerung eine glückliche und behütete Kindheit. Ich saß auf dem Schoß meiner Mutter, die mich liebevoll anlächelte. Sie drehte sich mit mir auf dem Arm in der Sonne im Kreis. Schöne Spaziergänge mit meinem Vater fielen mir ein. Er zeigte mir die Tiere des Waldes und erkannte alle ihre Spuren. Zahllose Sonntage mit meinen Großeltern mütterlicherseits fielen mir ein. Meine Großmutter kaufte stets alle ihre Kleider, wenn sie mit mir Verkäuferin in einer Boutique spielte. Nachts trug sie weiche, knöchellange, rosafarbene Nachthemden aus Batist. Vor dem Einschlafen kuschelte ich mich an sie, ganz und gar geborgen. Mein Großvater war der Fels in jeder Brandung, stark, gerecht und liebevoll. Auf stundenlangen Spaziergängen sammelte ich Kieselsteine am Wegesrand, die er mit mir bewunderte.

Im Sommer, wenn die Edelrosen blühten, stellte meine Großmutter väterlicherseits immer herrlich duftende Rosenzweige, mit dicken, gelben, rosa

und roten Blüten in große, feine Porzellanvasen. Sie machte jeden Morgen Gymnastik und tanzte sehr gut. Sie lehrte mich Walzer tanzen, zu Johann Strauss. Meinen Großvater väterlicherseits lernte ich nie kennen. Er verstarb, nach langer und schwerer Krankheit, ein Jahr vor meiner Geburt.
Maiglöckchen auf Waldeslichtungen, Sommerwind und Kaiserhimmel, kleine, rote Gummistiefel in großen Pfützen und Engel, die im Himmel Plätzchen buken. Einst!

Ich kam zu dem Schluss, dass es Dinge gab, die ich ändern konnte, und Dinge, die ich nicht ändern konnte. Je mehr ich über alles nachdachte, umso mehr vermisste ich Hali und die schönen Zeiten in Griechenland. Hali endlich die Wahrheit zu sagen war das Einzige, was ich noch ändern konnte. Während ich ihm schrieb, kam es mir so vor, als sei alles erst gestern geschehen. Der Brief endete nur mit meiner Telefonnummer. Unsere Wege trennten sich nicht, weil wir uns nicht mehr liebten. Wir erlagen nur dem unsagbaren Gefühl in meinem Herzen. Einem Gefühl, das einst eine zugefallene Mülltonne in mir hinterlassen hatte.

Lovers of faith

Awake

Star of the sky, daughter of the sun,
turn night to dawn.
How can I deny you?
This heart of mine,
that you once placed in loves fiercy heat,
won´t let me!
We would wait all ways – even dead or alive.
Lovers of faith in the bones survive.
How can you separate two souls who are one?

Patience, how long will you aid me?
See, how you have made me!
My comfort was in the earth,
will my body find rebirth.
My hopes please bring near to me,
the one who always has been dear to me.
Caresses and ease I don´t want
from anybodys hand.
And the doctor who can cure me,
is far in foreign lands.

Linda

Als Hali den weißen Briefumschlag aus Deutschland in seinen Händen hielt schwitzten sie förmlich. Während er den Brief öffnete verspürte er, von seinem Innersten ausgehend, einen richtigen

Schauer über seinen Körper laufen. Er dachte nur ´Endlich´. Es war ein Tag, auf den er immer gewartet und doch nicht mehr zu hoffen gewagt hatte. Beim Lesen des Briefes stockte er mehrmals unweigerlich. Mitunter glaubte er aus einem Albtraum aufzuwachen oder immer noch einen schlechten Traum zu träumen, während er weiterlas. Die Tränen stiegen in seinen Augen auf. Die Schmerzen der Vergangenheit kamen mit voller Härte wieder in ihm hoch. Doch endlich gab es eine Erklärung für die ewig ungeklärte Frage. Hali hatte es nie ganz glauben können, dass ich ihn nicht mehr liebte. Genauso wenig wie er sich nie wirklich damit abfinden konnte, dass aus mir ein Verräter geworden war. Auch wenn er mit der Zeit dachte, dass dies nun einmal die Tatsachen seien, mit denen er sich abfinden müsse. So sehr auch selbst seine Wut und seine Trauer mit der Zeit verronnen waren, vergessen hatte er mich nie.
Er und Emily waren gute Freunde geworden, aus ihnen wurde tatsächlich, auch wenn ich etwas Anderes geglaubt hatte, nie ein richtiges Liebespaar. Hali liebte Emily als die Mutter seines Kindes, als beste Freundin, Verbündete und Vertraute, die sie mit der Zeit für ihn wurde. Nie aber fühlte er ihr gegenüber die tiefe, wahre und gegenseitige Liebe, die uns verbunden hatte. Jene Liebe, die alle Menschen zutiefst brauchen. Es gibt viele Arten der Liebe. Doch gemeint ist hier die Liebe, die wahre Liebe, ohne die jedem Menschen für immer etwas Wesentliches in seinem Leben fehlt.
Emily wiederum schätzte Hali sehr und mochte

ihn auch überaus. Einen adäquaten Lebenspartner aber sah sie in ihm nicht. Emily, aus einer reichen australischen Familie stammend, hatte ihr Biologiestudium gerade beendet, als sie Hali kennenlernte. Sie reiste durch Asien, letztlich nur mit dem Ziel, etwas von der Welt gesehen zu haben, um danach wieder zurück nach Hause, in den sicheren Hafen ihres großbürgerlichen Lebens zurückzukehren. In diesen Plan passte Hali einfach nicht hinein. Emily war keine Spießerin und hatte Joshuas Geburt nie in ihrem Leben bereut, doch heiraten würde sie einen Richter, einen Notar oder einen anderen wichtigen und gut verdienenden Mann. Das stand fest.
In jedem Fall halfen Emily und seine Reise nach Australien Hali einen wichtigen Schritt weiter. Joshua war während seines Aufenthaltes dort seine ganze Freude. Ihm morgens nach dem Aufwachen beim Spielen zuzusehen und seine süßen Händchen in seinen großen Händen zu halten, ihn Huckepack durch die Gegend zu tragen oder ihn im Arm zu halten, wenn er einschlief, erzeugte in Hali ein großes Glücksgefühl, das ihn für vieles entschädigte. Wenn er Joshua ansah, hatte er plötzlich wieder das Gefühl, nicht umsonst gelebt zu haben, zu lieben und geliebt zu werden.
Das „Loch des weißen Mannes" - so nennen die Antakarinja, dort sesshaft gemachte Aborigines, die Welthauptstadt der Opale - wurde für Hali ein glücksverheißender Ort. In Coober Pedy, nicht weit entfernt von Melbourne, für australische Verhältnisse versteht sich, fand er durch einen von Emilys Kontakten einen Geschäftspartner.

Hali staunte nicht schlecht, als er begann, Opale, von denen über 90 % aus Australien stammen, zu studieren. Alleine zu den Gemeinen Opalen zählen Glas-, Milch-, Achat-, Jasp-, Honig-, Kascholong-, Moos-, Pras- und Wachsopal. Zu den Edelopalen gehören der weiße Opal, der schwarze Opal, der Feueropal und der Harlekin Opal. Nach diesem Jahr in Australien kehrte Hali in emotionaler und wirtschaftlicher Hinsicht bereichert wieder nach Kreta zurück. Emily, Joshua und er telefonierten ab und zu oder schrieben einander Briefe. Mehr war seitdem nicht passiert. Eine feste Partnerschaft war er nie mehr eingegangen. Nicht, weil er dies ablehnte. Etwas in seinem Innersten ließ ihn keine andere Frau mehr wirklich lieben.
Halis Entscheidung, mich wiederzusehen und wenn möglich einen ganz neuen Anfang zu wagen, stand fest, nachdem er meinen Brief mehrere Male gelesen hatte.

Bei der nächsten Gelegenheit trafen wir uns am Münchener Hauptbahnhof wieder. Unsere Blicke begegneten sich bereits, als wir noch weit voneinander entfernt waren. Langsam, fast zögerlich, mit beinahe zitternden Knien und fragendem Blick ging ich tapfer und lächelnd auf ihn zu.
Hali umarmte mich beinahe ein bisschen unbeholfen, als ich vor ihm stand. Während er mir in die Augen sah fühlte ich eine lange vermisste Wärme, die ich nicht mehr kannte.
„Wie geht es dir, meine Kleine?“, fragte er leise.
„Es geht so“, antwortete ich, und er nickte.

Wir wechselten einen kurzen, vertrauten Blick und gingen wortlos zum Auto. Der Moment bedurfte einfach keiner Worte. Auch während der Fahrt redeten wir nicht viel. Hali erzählte ein paar Belanglosigkeiten über seine Anreise.
Zu Hause bei mir angekommen, tranken wir unseren Tee mit einer Selbstverständlichkeit, als ob wir nie etwas anderes im Leben getan hätten. Aus den Teetassen zog der heiße Dampf frischen grünen Tees in kleinen Nebelschwaden empor. Die Teepflanze ist im Zen Buddhismus ein Symbol des meditativen Bewusstseins, in dem der Geist endlich Ruhe findet. Davon waren wir in diesem Moment weit entfernt. Zu der Freude über unser Wiedersehen mischte sich unweigerlich ein diffuses Gefühl der Unsicherheit.
Hali hielt es nicht länger aus: „Linda, warum hast du es mir nie erzählt?“, fragte er.
„Was ist *es*?“, erwiderte ich, ohne darüber nachzudenken was ich sagte.
Aufgrund seiner Wortwahl stieg unvermittelt und ungewollt eine Art Beklemmung in mir auf.
Was war *es*? Der Schmerz, der keinen Namen hatte? Der Schmerz, für den es so lange gar keine Worte gab? Der Schmerz für den es niemals einen Trost gegeben hatte?
Neben ihm gab es in mir auch noch die unbegründete Angst davor, mit Hali endlich über alles zu reden. Die Angst davor, nicht verstanden, verachtet oder nicht ernst genommen zu werden.
Hali blieb ruhig und fragte: „Warum hast du mir nie erzählt, dass du vergewaltigt worden bist?“, während sein Gesichtsausdruck mir bedeutete

endlich zu reden.
„Hali ...“, ich versuchte einen Anfang zu finden, es fiel mir schwer.
Wie sollte ich es ihm bloß erklären? Verständlich machen konnte ich mich nur, wenn ich ihm alles genau erzählen würde. Ich starrte hilfesuchend in die Leere und fühlte nur noch eine große Traurigkeit. Hali schwieg.
Mein Herz klopfte laut, als ich zu erzählen begann: „Eine Woche nachdem du damals nach Kreta geflogen bist, bin ich abends ausgegangen, um mich vom Lernen abzulenken. Ich war im ‚Jamaika‘.“
Hali kannte das Lokal. Mehr als einmal waren wir zusammen dort gewesen.
„Der Besitzer bat mich, einen zwanzigjährigen Portugiesen, der vor dem Militärdienst geflüchtet war, ausnahmsweise eine Nacht bei mir übernachten zu lassen. Er musste weg und der Junge hätte sonst auf der Straße schlafen müssen. Ich hatte Mitleid mit ihm.“
„Erzähl weiter“, sagte Hali.
„Ich gab ihm meinen Schlafsack. Er schlief auf dem Fußboden im Wohnzimmer. Mitten in der Nacht bin ich aufgewacht. Er lag auf mir, hatte mein Nachthemd hochgerissen, die Unterhose bei Seite geschoben und war dabei, in mich einzudringen. Ich wollte um Hilfe schreien. Im selben Moment hielt er mir den Mund fest zu. Mit dem anderen Arm drückte er meinen Oberkörper und Hals so fest ins Bett, dass ich fast erstickt wäre.“
Meine Hände waren nass und ich zitterte innerlich, während ich redete. Hali wurde übel.

„Dann hat er sich mehrmals hin- und herbewegt und ist gekommen. Danach erst hat er mich wieder losgelassen. Ich habe geglaubt ich würde ersticken. Nachdem er losließ habe ich kurz nach Luft geschnappt und geschrien, so laut ich konnte. Daraufhin würgte er mich mit beiden Händen fest am Hals. Ich habe wieder keine Luft mehr bekommen und gedacht ich würde sterben."
Es war das erste Mal, dass ich jemandem alles erzählte. Tränen stiegen in meinen Augen auf, und doch konnte ich nicht weinen. Ich hatte Angst und schämte mich zugleich. Hali nahm meine Hände in seine. Er war zu entsetzt, um etwas dazu zu sagen.
„Als er sich sicher war, dass ich mich nicht mehr wehren konnte, ist er aus dem Bett gestiegen und hat sich seine Jeans angezogen. Nachdem ich wieder Luft bekam bin ich völlig kopflos zur Küchenzeile gestürzt und habe ein Brotmesser geholt. Er ist aus der Wohnung gerannt. Mit dem Messer in der Hand bin ich bis auf die Straße im Nachthemd hinter ihm hergelaufen, doch er war schneller als ich. Dann bin ich heulend vor der Haustüre zusammengebrochen und irgendwann die Treppe wieder hochgekrochen. Der Mann ist seitdem verschollen."
Hali war mittlerweile kurz davor sich zu übergeben. Ich hatte mich wieder gefangen. Ich sah nur, dass er blass geworden war.
„Soll ich aufhören?"
„Nein, weiter ..."
„Während der nächsten Tage habe ich mich eingeschlossen. Ich konnte nichts essen, nichts trinken

und auch nicht mehr reden. Wenn ich etwas sagen wollte, konnte ich zwar den Mund öffnen, aber keine Wörter mehr aussprechen. Es war wie ein Schock."
Regungslos starrte ich die Wand an. Ich fühlte noch einmal, was damals wirklich mit mir geschehen war. Etwas war zerbrochen worden in mir. Vielleicht war es meine Seele. Vielleicht war es meine Liebe. Vielleicht war es mein Leben. War es meine Schuld? Warum vergewaltigte mich ein Mensch, dem ich geholfen hatte? Doch warum sollte *es* ausgerechnet mir nicht passieren? Tatsächlich wurden zu der Zeit, den offiziellen Statistiken nach, jedes vierte deutsche Mädchen und jeder elfte deutsche Junge sexuell missbraucht. Meistens waren die Täter sogar Familienangehörige oder Freunde der Familie.
Hali drückte mich fest an sich und sagte leise: „Ich bin bei dir."
Die Tränen stiegen mir unweigerlich erneut in die Augen und dieses Mal flossen sie. Und während ich in Halis Armen hing und weinte, kam ich mir vor wie ein kleines Kind, nach einem schweren Sturz, in den Armen seiner liebevollen Mutter.
„Ich hätte niemals Chania verlassen dürfen. Dann wäre Irina bei uns geblieben. Ich wäre nie vergewaltigt worden. Und du wärst nie im Gefängnis gelandet", brach es laut schluchzend aus mir heraus.
Hali war nun richtig schlecht. Er fühlte sich elend. Das sah man ihm jetzt auch an. Er war mittlerweile kreidebleich: „Wenn ich ihn jemals sehe, bring ich ihn um", sagte er nur.

„Können wir uns hinlegen, Hali?“, fragte ich noch, während ich mir die vom Weinen schon rot unterlaufenen Augen rieb. Sie brannten.
„Klar.“
Eng aneinander gedrängt fielen wir in einen unruhigen Schlaf.

Der nächste Morgen war verregnet und trübe. Das Gespräch vom Vortag lag uns noch im Magen. Unsere Stimmung war gedämpft, um nicht zu sagen depressiv. Nach dem Frühstück nahm ich also all meinen Mut zusammen und begann unsicher das Gespräch.
„Wir müssen noch mal über das Ganze reden ...“
„Ich weiß“, sagte Hali ruhig.
„Nein, Hali, du weißt gar nichts!“, entfuhr es mir, wobei ich mich völlig im Tonfall vergriff.
Alles war durch unser Gespräch vom Vortag wieder vollständig in mein Bewusstsein gedrungen. Die ganzen Schmerzen, die ich alleine durchgestanden hatte. Ohne ihn. Der ja jetzt Vater war! Die Vergewaltigung war das Eine. Das ich zu allem Unglück auch noch schwanger wurde und abgetrieben hatte, war das Andere. Meine Enttäuschung über das Alles hatte nie aufgehört zu existieren. Nun sagte er auch noch „Ich weiß“. Was wusste er denn schon?
„Wir sind hier, um alles zu klären, Linda. Was weiß ich noch nicht?“, wobei sich für den Bruchteil einer Sekunde seine Stimme überschlug.
„Was Linda, was weiß ich noch nicht?“, fragte er erneut, nun deutlich ungehalten.

„Du weißt alles, Hali. Aber du weißt nicht, warum ich mich nicht mehr bei dir gemeldet habe. Das war doch deine ursprüngliche Frage gestern.“
„Stimmt“, entgegnete er.
Die Situation überforderte uns.
„Du zeugst einfach so ein Kind, und ich werde vergewaltigt und mein Kind ist tot!“
Meine Verbitterung darüber, dass und warum mein erstes Kind starb, war immer noch unaussprechlich groß. Hali begann zum ersten Mal seit er davon wusste, zu ahnen wie groß sie tatsächlich war. Ich hatte nie jemanden damit belästigen wollen und hätte mich dies auch außerdem gar nicht getraut. Die Abtreibung war eine kleine, ambulante Operation, von der ich nichts spürte. Unter Teilnarkose und vollgepumpt mit Beruhigungsmittel bemerkte ich nur, dass irgendwann etwas in den Abfall geworfen wurde, was dort nicht hingehörte und hatte furchtbar geweint.
„Okay, Hali, wir reden nur ...“
„Okay...“
Er sah traurig aus. Ich war gerade wieder jenseits von Trauer und Freude. Ich war dem Tod wieder nahe. Und darüber zu reden war schwer.
„Seit deiner Abreise hatte ich keine Pille mehr genommen. In der Wohnung konnte ich nach der Abtreibung nicht mehr alleine bleiben. Deswegen bin ich zu einem Freund geflüchtet. Doch er wollte mehr. Deswegen bin ich dann zu meinen Eltern gezogen. Dann kam dein Brief aus dem Gefängnis. Ich konnte es dir doch unmöglich schreiben. Am Telefon konnte ich es dir auch nicht sagen.
Ich wollte es dir immer irgendwann erzählen.“

„Ich verstehe“, antwortete Hali resigniert.
Trotzdem verstand er tief in seinem Innersten immer noch nicht, warum ich ihm nicht alles einfach erzählt hatte. In etwa genauso wenig wie ich wirklich verstand, warum Hali Vater wurde. Wir bemerkten gleichzeitig, dass etwas immer noch nicht stimmte.
„Ich habe das alles nicht gewollt“, beteuerte Hali.
„Wenn irgendwo ein Messer herumlag, bewegte es sich wie von selbst, in meiner Vorstellung, in die Richtung meiner Hals- oder Pulsschlagader. Von diesem Moment an habe ich Cognac wie Wasser in mich hineingeschüttet. Ich war nicht mehr ich selbst, Hali. Ich konnte nicht alleine in der Wohnung bleiben. Ich konnte auch nicht zu dir kommen. Du warst doch nicht da!“
In diesem Moment fiel wohl etwas wie Schuppen von Halis Augen. Er war nicht da gewesen. Und ich hatte nicht einmal das Geld für ein Flugticket nach Kreta gehabt. Hali war am Ende. Am Ende mit seinem Latein. Am Ende mit seinen Nerven. Er begann bitterlich zu weinen. Die Tränen liefen an seinen Wangen herunter. In all den Jahren hatte ich Hali niemals weinen gesehen. Warum er Vater wurde war mir seit langem klar. Zum ersten Mal aber begriff ich, dass auch Hali wirklich gelitten hatte. Es war nur ein Moment, in dem ich ihm für immer verzieh, was ich jahrelang nicht hatte verzeihen können. Bestürzt streichelte ich über seinen Kopf. Hali wischte mit dem Hemdärmel seine Tränen beiseite.
„Sag mir ab jetzt immer die Wahrheit, Linda. Die Wahrheit! Lüg mich nie mehr an. Schwör es mir.“

Ich schwor.

Es war August, und glücklicherweise konnte ich vier Wochen Urlaub nehmen. Seit einiger Zeit arbeitete ich in einem kleinen Münchener Übersetzungsbüro. Rund um München liegen zahlreiche schöne Naherholungsgebiete, mit Sand- oder Natursträndеn. Die Isarauen, südlich von München, eine der letzten Wildflusslandschaften in Mitteleuropa, wurden unser beliebtestes Ausflugsziel. An den schönen abgelegenen Sandbuchten herrschte absolute Ruhe, die nur durch die Geräusche des Wassers und des Windes unterbrochen wurde. Große Weiden ragten bis zum Wasser und boten Schatten vor der Mittagssonne, nur sehr selten passierte ein Spaziergänger unseren Weg. Zum ersten Mal seit Jahren nahm ich die Schönheit und Würde unserer großen und grünen Bäume wieder wahr. Plötzlich sah ich den tiefblauen Himmel wieder strahlen.
Eines Morgens, der Wald lag noch im Schweigen und die Luft war unverbraucht und sehr frisch, schwammen zwei große, weiße Schwäne mit ihren Jungen auf uns zu. Wir hielten gerade unsere Füße in das kristallklare Wasser. Die Schwäne kamen näher. Fasziniert starrten wir auf die stolzen Wesen, die nur ein leichtes Kräuseln auf dem Fluss hinterließen. Schließlich hielten sie genau vor uns an. Sie betrachteten uns einfach nur und machten auch keinerlei Anstalten, uns anzugreifen. Hali holte ein Stück Brot aus seiner Tasche. Die Schwanenfamilie fraß dankbar auch

das letzte kleine Krümelchen auf. Dann putzten sie ihr Gefieder und schwammen majestätisch davon. Weiße Königlichkeit, auf klarer See, unter Kaiserhimmel.
„Sie kamen mir vor wie aus einer anderen Welt", sagte ich zu Hali, der gerade darüber nach sinnte, dass Schwäne sich lebenslang die Treue halten.
„Sie sind wie du und ich", antwortete er lächelnd.

Amor und Psyche

Psyche, eine Schönheit ohnegleichen, wurde von ihren Schwestern beneidet und von den Menschen als Inkarnation der Aphrodite verehrt. Aphrodite sann auf Rache. Sie schickte ihren Sohn Amor zu ihr. Alle, die von seinen goldenen Pfeilen getroffen wurden, entflammten in Liebe, doch unter normalen Umständen waren die Götter für Menschen unerreichbar. Psyche sollte leiden!

Eros jedoch verliebte sich in Psyche. Seine einzige Bedingung war, dass sie ihn niemals sehen dürfe. Sie sollte ihm blind vertrauen. Psyche ließ sich auf seinen Wunsch ein. Doch brach sie eines Nachts ihr Versprechen. Als Eros den Verrat bemerkte, verlor Psyche ihn für immer. Den alten Griechen nach fiel sie schließlich in einen immerwährenden Schlaf. In der römischen Mythologie jedoch erfüllt sich die Liebe von Psyche und Amor am Ende, dank Jupiters Hilfe.

Sollte sich auch Halis und meine Liebe tatsächlich noch erfüllen? Hali hatte mittlerweile beinahe die halbe Welt gesehen. Er war nach Südamerika, Hongkong, Thailand, Bali und Australien gereist. Er war sehr weit gereist. In einer schweren, mit schwarzem Samt gefütterten Schatulle befanden sich seine Schätze. Opale besonderer Qualität, mehrere Saphire und ein kleiner Diamant. Schon als kleines Kind war ich versessen auf Steine.

Ganz einfach, weil ich sie so schön fand. Zwischen den Diamanten in Ringen meiner Großmutter und Kieselsteinen an Wegesrändern machte ich keinen Unterschied. Die Kieselsteine lagen mir als Kind sogar viel näher. Stundenlang konnte ich sie sammeln und bestaunen. In Wasser gelegt, entdeckte ich geradezu seltsame und bizarre Muster anderer Welten auf ihnen. Sie in schönen Formationen anzuordnen oder sie einfach nur in der Hand zu halten beglückte mich. Als Jugendliche entdeckte ich ihre Heilwirkungen. Von Hali erfuhr ich alles über ihre Herkunft, Beschaffenheit und Verwendbarkeit. Daniel lehrte mich in ihnen Wesen zu sehen, denen er eine neue Gestalt gab. Musste ein Mensch einsam oder weise sein, um in einem Stein ein lebendes Wesen zu erkennen?
Mit dem Beginn der Technisierung der westlichen Welt vor etwa 200 Jahren ging das über Jahrtausende tradierte Wissen über die Steine verloren. Bei vielen Völkern war die Mineralienkunde fester Bestandteil ihrer Medizin und man schrieb den Steinen Bewusstsein zu. Die Kostbarsten betrachtete man als Mittler zwischen Gott und Mensch.
Mein Lieblingsstein war der Türkis, der Schutzstein der Indianer, in dem sie den Himmel sahen. Hali liebte Bergkristalle und Diamanten. Als ich seinen kleinen Schatz zum ersten Mal sah, deutete ich ihn als positives Vorzeichen. Er deutete auf eine gute Zukunft. Vorzeichen konnten glückliche oder traurige Ereignisse ankündigen. Sie enthielten Botschaften aus der geistigen Welt, waren sozusagen Bestätigungen oder Warnungen.

Ich achtete oft auf derartige Dinge, sogar am Wegesrand. Aufgrund seines, ihm sozusagen in die Wiege gelegten, kretischen Aberglaubens verstand Hali dies mühelos.
Trotz seines Erfolges als Mineralienhändler gab es Tage, an denen Hali den Tag verfluchte, an dem er sein Studium hingeschmissen hatte. Zwar waren seine Reisen eine stetige Quelle der Inspiration, andererseits fühlte er sich in den letzten Jahren oft leer und ausgebrannt. So viele Orte er auch gesehen hatte, eine neue Heimat hatte er nirgendwo gefunden. Sein wahres Zuhause blieb Kreta. Hali hatte ein kretisches Herz. Einmal sagte er von sich: „Ich bin Kreter, kein Grieche“. Als ich damals das erste Mal auf kretischer Erde stand hatte ich das Gefühl, endlich zu Hause zu sein. Hali hingegen war in diesem Zustand geboren worden.

Seit meinem Brief und unserem Gespräch, seit Hali wusste, was damals wirklich geschehen war, vollzog sich in ihm eine fortschreitende Wandlung, eine Rückbesinnung. All das, was er einst glaubte als Lüge erkennen zu müssen, war immer die Wahrheit gewesen. Nach unserem ausführlichen Gespräch stand für ihn fest, dass es kein Leben mehr ohne mich geben würde. Doch ausgesprochen hatte er es noch nicht.
„Wir gehen zurück nach Kreta, Linda“, sagte Hali eines Morgens.
Schnell fügte er ein „Wenn du willst“ hinzu.
„Bist du wirklich einverstanden?“

Ich hatte ebenfalls darüber nachgedacht, was nun aus uns werden sollte. Bevor Hali zu Unrecht bei Gericht angeklagt wurde, sagte er einmal zu mir: „Linda, eines Tages werde ich uns ein Haus mitten in einem großen Olivenhain bauen“, und hatte „Prima, Hali“ geantwortet.
Auch ich träumte in diesen Tagen unserer Versöhnung lange vergessene Träume erneut. Das Leben auf Kreta gefiel mir sowieso viel besser als das Leben in Deutschland. Die Menschen, die ich dort kennengelernt hatte waren liebevoll, warmherzig, ehrlich und gerade heraus. Sie lebten intensiv und im ´Hier und Jetzt´. Auf Kreta hatte ich das Leben stets intensiv empfunden. Die ganze Insel war ein Naturkraftort, besonders in den Bergen war dies deutlich spürbar. Und auch das Klima war wunderbar. So viele Sonnentage im Jahr. Es war immer ein Traum von mir gewesen, eines Tages nach Kreta zurückzukehren. Nur hätte ich es ohne Hali nicht gekonnt, denn Hali war mein Kreta. Seine Frage überraschte mich also nicht.
Ich antwortete nur: „Okay.“
Hali schlug vor, ein kleines Mineralien- und Schmuckgeschäft zu eröffnen und einen Olivenhain zu kaufen. Ich fand seine Idee toll, und er konnte sich vor Freude kaum ruhig halten. Er sprang auf vor Freude, lachte und umarmte mich heftig. Wir strahlten einander an.
„Willst du es denn wirklich?“, fragte er noch, ohne Fragezeichen, breit grinsend.
„Ja“, antwortete ich, ebenfalls mit einem breiten Lachen auf dem Gesicht.
Das ich mit ihm nach Kreta zurückkehren würde

hatte Hali sich so sehr gewünscht. Doch was war mit meinem abgeschlossenen Magisterstudium? Sollte die ganze Arbeit umsonst gewesen sein? Der Gedanke hatte ihn leicht gequält. Auch ich hatte darüber nachgedacht und war zu dem Schluss gekommen, dass vermutlich gar nichts im Leben gänzlich umsonst war, aber es sich nicht lohnt gestern stehen zu bleiben. Das Leben war für mich ein Fluss, der nicht beim Gestern stehen blieb. Wer wusste denn heute schon, was morgen sein würde?

„Wenn es schief geht handele ich in Zukunft nur noch mit rosa Diamanten aus der Argyle-Mine in Kimberly“, sagte Hali.

Zu Beginn der 80er Jahre wurde in dieser unwegsamen Gegend, die zum Territorium der Aborigines gehörte, ein unschätzbarer Fund gemacht, ein Vorkommen von Diamanten auf rund 300 Hektar Land. Es war die größte Lagerstätte der Welt, ihrem Volumen und ihrem Wert nach. Die rosaroten Diamanten „Pink Tender“ zählen zu den teuersten Diamanten.

Hali zwinkerte mir lächelnd zu: „Dann haben wir für immer ausgesorgt.“

Auch wenn bis dahin sämtliche Vorkommen abgebaut sein werden, dachte ich ebenfalls lächelnd. An diese Art von Geschäften war ohnehin für einen Normalsterblichen kaum heranzukommen, auch wenn ich es Hali durchaus zugetraut hätte.

Ich erinnerte mich nur noch daran, wann die Olivenernte war. Die Kultivierung von Oliven war glücklicherweise eines der Themen, über die Hali eine Unmenge wusste. So einfach und unkompliziert er in vielen Dingen war, so gebildet und belesen war er andererseits. Er hatte einfach ein wahrlich immenses Wissen. Genau diese seltene Mischung aus Geistigkeit und praktischer Veranlagung faszinierte mich schon immer. Stundenlang konnte ich mit Hali über Kunst, Kulturen, Metaphysik, Wissenschaft, Politik oder Religion reden, und im nächsten Moment baute er für uns eigenhändig ein Boot! Er war einfach ein Genie. Ein Genie mit einem Herz aus Gold!

Hali schätzte, dass es auf Kreta über 30 Millionen Olivenbäume geben würde. In vielen Regionen Kretas war der Olivenbaum Grundlage der ländlichen Wirtschaft. Und es gab auch kaum einen Kreter, der keinen Olivenbaum besaß oder nicht zumindest Verwandte hatte, die Ölbäume besaßen.

100.000 Bauernfamilien, fast die Gesamtheit der in der Landwirtschaft tätigen Bevölkerung und die Mehrheit der städtischen Familien, besaßen Ölbäume. Und etwa die Hälfte der kretischen Erwerbstätigen war in der Landwirtschaft tätig. Kleine Anbauflächen und geringer Maschineneinsatz bedeuteten für die Menschen schwerste Arbeit für geringen Lohn. Kreta produzierte pro Jahr mindestens 100.000 Tonnen Olivenöl, über neunzig Prozent davon in allerbester Qualität, Extra Natives Olivenöl. Die industrielle Produktion lag damals bei weniger als 20 Prozent. Der Dienstleistungssektor, der vergleichsweise hohe Einkommen abwarf, machte nur etwa 30 Prozent

der Wirtschaft aus.
„Neunzig Prozent unserer Exporte werden von der italienischen Industrie bezogen. Mit unserem hervorragenden Öl werten sie ihr minderwertiges Öl auf und verkaufen es teuer weiter. Das große Geschäft machen die Italiener.“, betonte Hali mit Unmut.
Ich erinnerte mich: „Die Kreter produzieren hervorragendes Öl, Wein und Tresterschnaps, in reinster ökologischer Qualität. Sie sind nur nicht in der Lage, das Ganze zu vermarkten“, hatte ich einmal jemand sagen hören.
„Genauso ist es“, äußerte Hali und setzte ein entrüstetes Gesicht auf, solche Dinge konnten ihn aufregen.
Ich lachte ihn aus: „Du bist ein typischer Kreter. Du hast selber schon gesagt, dass du kein guter Geschäftsmann bist.“
„Meine Süße, das ist es eben“, meinte er nur.
„Wenigstens ist die Qualität unseres Öls weltweit anerkannt“, und der Gedanke, dass das kretische Olivenöl bei zahlreichen internationalen Wettbewerben mit den höchsten Preisen ausgezeichnet wurde, baute ihn augenblicklich wieder auf.
Schon als Kind sah Hali, in den Ferien, den Erwachsenen bei der Ernte zu. Sie dauerte von Ende November bis in den frühen März hinein. Es müssten schon ein paar Kleinigkeiten vom Menschen getan werden, damit der Baum gute Früchte trug. Die richtige Düngung, Bewässerung, der Pflanzenschnitt und Pflanzenschutz sind wichtig. Die Ernte selbst bezeichnete Hali als harte Arbeit. Dabei sah er ein Bild seiner Großmutter vor sei-

nem geistigen Auge. Mit einem langen Holzstock schlug sie die Oliven vom Baum herab, während sie sich mit ihrer anderen Hand den Rücken stützte.
Auch wenn ich das Landleben mit den Augen einer Romantikerin betrachtete, wurde mir im Laufe von Halis Schilderung schon bewusst, dass die Kultivierung von Oliven einfach harte körperliche Arbeit bedeutete. Ich bemerkte, dass noch ein langer Weg vor uns läge.
Hali lachte schallend: „Ein langer, harter und steiniger Weg“. „Nein, im Ernst“, fuhr er fort, „mit Schüttelmaschinen kann man in kurzer Zeit eine gute Ernte erzielen. Viele Saisonarbeiter verrichten diese Arbeit.“

Doch wo sollte unser neues Leben beginnen?
Matala wurde von den ersten Reisebussen angefahren! Hali vermutete, dass es nur noch eine Frage der Zeit sei, wann für die Besichtigung der Höhlen Eintritt verlangt würde. Seine Familie besaß jedoch ein kleines Stück Land im Osten Kretas, in Lassithi, an den Ausläufern des Dikti-Gebirges. Der nahe gelegene Küstenort Myrtos eignete sich für das Schmuckgeschäft. Am Abend desselben Tages noch telefonierte Hali mit Eftychia, die froh darüber war, dass ihr Sohn bald zurückkehren würde. Sie war sich sicher, dass wir das Haus und das zugehörige Grundstück ihres Cousins Panagiotis kaufen oder pachten könnten. Dieser lebte jetzt in Athen, hatte dort eine gute Stellung und führte eine glückliche Ehe. Sie mein-

te, er würde sicher kein Interesse an dem elterlichen Grundstück mehr haben. Das waren wirklich sehr gute Neuigkeiten. Nachdem Hali aufgelegt hatte, fielen wir uns überglücklich in die Arme. Manchmal unterstützt das ganze Universum unsere Anliegen, wenn es die rechten sind. Auch am nächsten Tag schwand das Lächeln nicht mehr aus Halis Gesicht. Als ich ihn da-rauf ansprach, erzählte er mir, dass Vianos zu den ältesten Regionen des Olivenanbaus auf Kreta gehöre.
Die Qualität der Öle war wirtschaftlich betrachtet kein unerheblicher Faktor, denn die Preisspannen waren mitunter enorm. Hali hatte das Ganze schon den halben Vormittag lang im Kopf durchgerechnet. Doch Eftychia konnte ihm nicht auf Anhieb sagen, wie viele Hektar Land zum Haus gehörten. Sie meinte es würde reichen, um unser Auskommen zu sichern. Panagiotis Vater hatte davon einst die Familie ernährt.
Um auf Kreta ein Grundstück zu kaufen oder zu bebauen brauchte man normalerweise eine griechische Steuernummer und auch einen Anwalt, der diese beantragte und die anfallenden Formalitäten regelte. Eine Baugenehmigung gehörte jedoch früher zu der Art von Formalitäten, an die sich die alten Kreter nicht unbedingt hielten. Das war besonders in abgelegenen Dörfern so. Innerhalb einer Familie wurde Land auch per Handschlag verkauft. Dies war selbst unter entfernten Verwandten oder Personen des persönlichen Vertrauens üblich. Der Käufer legte das Geld auf den Tisch oder sagte eine festgelegte Zahlungswei-

se zu und damit war der Vertrag geschlossen. Dasselbe galt für Mietverträge. In den größeren Städten, an der Nordküste, gehörte dieses Verfahren längst der Vergangenheit an. Ganze Landstriche wurden dort, im Zuge des Massentourismus, von großen Hotelkomplexen verdrängt. Unter der einfachen Landbevölkerung aber war dies damals eine durchaus übliche Methode des Handels. Für die schwersten Gesetzesverstöße hinsichtlich derartiger Ehrensachen gab es ja schließlich auch noch die Vendetta, die Blutrache. Wenn auch die Vendetta auf Kreta kaum noch praktiziert wurde.
Wir brauchten tatsächlich weder eine Steuernummer noch einen Anwalt. Eftychia und Michalis steuerten die Hälfte des Kaufpreises hinzu, und der Vertrag wurde per Hand geschlossen. Ausgehend von einer dreimonatigen Kündigungsfrist kündigte ich meine Wohnung und Arbeitsstelle und wir kauften die Flugtickets.
Ein unfassbar großes Glücksgefühl überkam mich eines Morgens, als Hali mich anlächelte, nachdem er mich lange angesehen hatte. Ich wachte gerade auf und fühlte mich an etwas erinnert, das mir sehr vertraut war, auch wenn es Jahre zurücklag. Auch Hali fühlte in diesem Moment denselben alten Gleichklang. Es gab genau wie damals nichts an Hali, das mich störte. Wenn man jemanden wirklich liebt, dann liebt man alles an ihm. Auch all die Dinge, die einen an jemand anderem entsetzlich stören würden. Bei dem Menschen, den man liebt, liebt man sie einfach mit. Denn die vermeintlich schlechten Seiten gehören zu ihm

wie seine guten Seiten. Nach all den Jahren standen wir uns unendlich nahe. Und seit jenem grauen und verregneten Vormittag, an dem wir endlich über gesprochen hatten, begriffen wir es wieder. In den hinter uns liegenden Wochen waren die letzten der gläsernen Reste unserer Einsamkeit endgültig eingestürzt. Ich lernte Hali erneut aus ganzem Herzen zu lieben. Und das Leben wieder mit den Augen eines heilen Kindes zu sehen.

Eftychia war nicht begeistert, als Hali ihr mitteilte, dass er mich in Deutschland besuchen würde. Sie fragte ihn, ob er vergessen hätte, dass ich ihn im Stich gelassen hatte. Auch Eftychia, die mich damals ebenfalls in ihr Herz geschlossen hatte, hatte sich die Ereignisse nie wirklich erklären können. Mitunter wähnte sie sogar, dass alle europäischen Touristinnen möglicherweise einfach nur Urlaubsspaß mit den Söhnen der Kreter suchten. Doch als Hali ihr von meiner Vergewaltigung berichtete, stammelte Eftychia nur mehrmals hintereinander: „Oh Panagia, was für ein Unglück, was für ein Unglück". Schließlich hatte sie „Gut mein Sohn, wenn du fahren musst, dann fahr", gesagt, ihn umarmt und ihm viel Glück gewünscht.
Als Hali sich von ihr verabschiedete, wusste sie bereits, dass er nicht ohne mich zurückkehren würde. Am selben Abend noch stellte sie zwei Kerzen vor ihr Lieblingsbild der Panagia auf die alte Kommode im Wohnzimmer. Eine Kerze war für eine gute Zukunft für Joshua und Emily, die andere

war für Hali und Linda. Michalis hatte ihr schweigend dabei zugesehen.
„Die Hauptsache für mich ist, dass es dir gut geht, egal, wo du lebst“, waren, glaube ich, die Worte meiner lieben Mutter, an denen ich mich festhielt, wie an dicken Rettungsseilen, als ich an der schön gedeckten Kaffeetafel meiner Eltern saß, um ihnen von Hali und mir zu erzählen.
Stattdessen fragte meine Stiefvater: „Was machst du, wenn es wieder schief geht?“
Es war einer jener Einwände, die man abschütteln möchte, die einem jedoch wie treue Hunde an den Fersen kleben und auf den ich etwas störrisch „Es wird nicht mehr schiefgehen.“, antwortete, was beide leider wenig beruhigte.
Er verstand mich einfach nicht: „Kind, du hast dein Studium beendet. Die Welt steht dir offen. Warum gehst du zu einem Mann zurück, der dich im Stich gelassen hat? Er hat ein Kind von einer anderen Frau! Was kann dieser Mann dir denn bieten?“
Ich schwieg. Ich wollte meine Eltern doch nicht enttäuschen. Meine Mutter und Roman waren gute Menschen. Roman war ein charismatischer Mann und Dr. der Biologie. Die beiden passten gut zusammen und hatten oft bewiesen, dass sie es gut mit mir meinten.
Nach einer kurzen Gedankenpause sagte Roman schließlich resigniert: „Du musst wissen, was du tust. Du bist alt genug.“
In Anbetracht der ganzen Geschichte, die für meine Eltern mehr oder weniger im Dunkeln lag, waren ihre Reaktionen mehr als verständlich. Jahre-

lang fraß ich alles in mich hinein. Auch jetzt war wieder nicht der richtige Moment, um ihnen alles zu erzählen. Dafür würde es wohl nie einen richtigen Moment geben. Es war mein Herzenswunsch, dass alle die Menschen, die ich am meisten liebte, eines Tages zueinander finden würden. Meine Eltern ahnten nicht einmal, was für ein Mensch Hali in Wirklichkeit war, und auch nicht, dass der Küchentisch von Eftychia und Eleftheria der sicherste Ort der Welt war. Handgearbeitete wunderschöne Spitzendecken, Geschenke für meine Mutter und Großmutter, als ich damals Kreta verließ, fielen mir wieder ein. Wie immer standen meine Eltern an der Haustüre und winkten, als ich fuhr.

Kurz vor unserem Abflug besuchte ich sie noch einmal. Niemals gab meine Mutter auf, gegen den schlechtesten Freund der Welt zu kämpfen. Dabei wusste sie nicht einmal, wer er eigentlich war. Immer wieder zeigte sie mir ihre Liebe und bemühte sich um mein Vertrauen. Meine Eltern beteuerten, dass ich selbstverständlich jederzeit nach Hause kommen könne. Ich wiederum versicherte ihnen, dass ich zurückkommen und ihnen helfen würde, wenn sie mich bräuchten. Meine Eltern zu verlassen fiel mir schwer.

Doch ohne Hali wäre ich nicht glücklich geworden. Ein Mensch, der seinem eigenen Licht nicht folgt, kann sich selbst nicht lieben. Wer sich selbst verleugnet, der kann sein Glück nicht finden. Woher soll seine Liebe kommen, wenn er sie in sich selbst nicht findet? Ich musste meinen eigenen Weg gehen. Und meiner eigenen Wahrheit, meinem eigenen Licht und meiner Liebe folgen. Wohin auch immer es mich führen würde. Sicherlich hätte ich auch ohne Halis Liebe über-lebt. Vielleicht als ein Schatten meiner selbst. Wer weiß, wie viele Jahre es mich gekostet hätte, ihn zu vergessen? Möglicherweise hätte ich Hali auch niemals vergessen. Es gibt Menschen, die einen so tief berührt haben, dass man sie bis zum Tod nicht vergisst. Und vielleicht vergisst man sie auch nie mehr.

Meine Mutter weinte, und auch meinem Stiefvater standen die Tränen in den Augen. Doch als ich mich noch einmal umdrehte, konnte ich das aus der Entfernung gar nicht mehr erkennen. Unser Schicksal führte uns vor vielen Jahren auf Wege, die sich nicht mehr rückgängig machen ließen. Was uns blieb, war nur die Gewissheit, dass Wege oft Kreise sind. Und wir auf manche Wege immer wieder zurückkehren, wenn auch mit neuen Erfahrungen, Erkenntnissen und neuen Horizonten. Während es zu regnen begann, liefen mir Tränen die Wangen hinunter. Es kam mir so vor, als ob der Himmel mit mir weinte. Etwas in mir starb. Es waren viele Jahre Einsamkeit.

Nur an wenigen Tagen hatte die Sonne noch geschienen, ihre wärmende Kraft unterlag im November bereits den kühleren Winden. Die Natur schickte die ersten Boten des kommenden Winters endgültig los. Eine dunkle Wolkendecke lag über der Stadt, durch die kein Sonnenstrahl mehr drang. All das, was einst blühte, verging jetzt und

kehrte zur Erde zurück. Die Zeit der größten Hoffnungslosigkeit, der Winter, hielt seinen Einstand. Nirgends zeigte eine Blüte mehr ihre Pracht noch wuchsen Knospen, die ein neues Erblühen erahnen ließen. Kein einziges buntes Laubblatt verschönerte mehr mit seinem Grün die Bäume, noch färbte es bunt den Wegesrand. Der Wind fegte den Regen durch die Straßen. Die Dunkelheit schien die Sonne für ewig verdammt zu haben. Doch manchmal glitzerte auch für eine kurze Weile das Sonnenlicht vom blauen Himmel. Ein königliches Blümchen leuchtete, in reinstem Weiß. Der Nadelbaum verlor auch im Winter seine Blätter nicht.
Auch Hali und ich hielten stand. Dem großen Glück einer erfüllten Liebe stand das Leid, das wir erlebt hatten, gegenüber, wie der Sommer dem Winter. Wie viele Tode waren wir gestorben? Kein Tod konnte uns mehr trennen! Hinter den Jahreszeiten zeigte sich erneut nichts als Liebe, als wir die Lüge von uns abstreiften.

Es war ein sonniger Wintermorgen, an dem ich ein Taxi zum Flughafen bestellte. Die Wohnung war renoviert und ein Nachmieter gefunden. Ich warf noch einen letzten Blick ohne Reue in den leeren, weißen Flur, bevor ich die Wohnungstüre hinter mir zuzog. Es war ein gutes Gefühl. Auf diesem Lebensweg gab es nichts mehr, das noch hätte bereinigt werden müssen. Wir spürten die unerklärliche Gewissheit, dass uns alles gelingen würde. Sie lag, auch dieses Mal, in nichts als der Kraft

unserer, ich nenne sie gottgegebenen, Liebe.
An einem Samstagnachmittag erreichten wir mit der Fähre Iraklio. Es wurde Winter auch auf Kreta. Der Himmel zog sich zu einem dunklen, teils von Violett, Dunkelblau, Rosa und Aprikot durchzogenem, wunderschönem, lebendigen Gemälde zusammen.

Während es gerade stürmte und leicht zu regnen begann, standen zwei Menschen, ein Mann und eine Frau, vor einem Grabstein und hielten sich aneinander fest. Sie sprachen kein Wort miteinander. Ihr linkes Auge zuckte, als eine kühle Windböe auf ihre linke Gesichtshälfte blies. Sie zog das Tuch, das sie um die Schultern geschlagen hatte, auf ihren Kopf. Er zog seine Kappe tiefer ins Gesicht. Sie sah ihn an und fühlte, dass sie ihn immer und ewig lieben würde. Ihre Liebe zu ihm würde niemals enden. Wo auch immer auf der Welt sie auch sein würden, sie würde ihr Leben lang, bis ans Ende, neben ihm stehen. Es gibt nichts mehr zu hoffen und nichts mehr zu befürchten, dachte er. Er war am Ziel all seiner tiefsten Hoffnungen angekommen. Alle alten und überkommenen Befürchtungen hatte er ganz hinter sich gelassen. Sie stand an seiner Seite. Sie war bei ihm und würde bei ihm bleiben. Das Gefühl der Liebe zu ihr brannte in diesem Moment wie ein loderndes Feuer in seinem Herz. Ich bin durch die Hölle gegangen, ich fürchte weder Tod noch Teufel, sagte er sich. Ihm fiel ein, dass auch sie durch die Hölle gegangen war.

„Hast du Angst?“, fragte er sie.
Sie antwortete: „Nein, warum? Du etwa?“
Er lächelte ihr zu und drückte sie fest an sich.
„Ich habe nie Angst. Das weißt du doch“, sagte er.
Auf dem schönen alten Grabstein, am Grab von Nikos Kazantzakis, stand in kyrillischen Buchstaben in den Stein eingemeißelt:

„Ich erhoffe nichts.
Ich fürchte nichts.
Ich bin frei.“

To Crete

Only when I look at your sculptures,
I see how fruitful you have been.
You survived war over war,
still you´re beautiful.

How much I love your wild mountains
and your Libyan sea,
your stony desert feelings
and your waste, big sky, in so many colors.

The oldest and most beautiful olive trees they cut,
but when you are drunk, you shoot at traffic signs.
You´re still wild
and I still love you.

Linda

Je weiter wir in Richtung Südosten fuhren, umso karger und wüstenähnlicher wurde die karge Landschaft. Dennoch war der Südosten keine vertrocknete Steinwüste. Orangen, Mandarinen und Zitronen wurden hier angebaut. In den vielen kleinen Gewächshäusern wuchsen Bananen. Äpfel, Birnen, Granatäpfel, Melonen und Nektarinen zählten zu den gängigen Obstsorten. Feigen und Datteln bekam man in Hülle und Fülle. Tomaten, Gurken, Paprika, Auberginen und Zucchinis

wurden ebenfalls hier kultiviert. Auch im Südosten Kretas, der wärmsten und trockensten Region der Insel, lebten die Menschen hauptsächlich von der Landwirtschaft. In Irapetra, der größten Stadt im Lassithi-Bezirk, führte die Straße nun weit weg vom Meer ins Landesinnere hinein.
Während anfänglich noch Gewächshäuser und sattes Grün unseren Weg säumten, wurde die Welt nun immer karger. Olivenhaine, Pinien und Zypressen wichen der Erhabenheit der Bergwelt. Auf der unbefestigten, kleinen und von Schlaglöchern durchzogenen Straße kam uns nur ein einziges Auto entgegen. Ab und an stand eine kleine Kapelle am Wegesrand.
Der Afendis ist etwa 1.500 Meter hoch und bestimmt das ganze Landschaftsbild Südost-Kretas. Überall in den Bergen begannen Thymian, Oregano, Salbei, Rosmarin, Basilikum, Diktamos und seltene Blumen zu blühen. Jedes Frühjahr und wenn der Herbst regenreich war, erblühte der sonst so trockene Südosten. Es dauerte nun nicht mehr lange, bis das Ausschwirren der ersten Bienen begann. Hoch über den Bergen zogen die Greifvögel, wie Adler und Falken, ihre Bahnen. An den Ausläufern des Diktigebirges lagen viele kleine Bergdörfer, und über Mournies, Kalami und Amiras schlängelte sich das Sträßchen schließlich nach Ano Vianos. Irgendwo auf dem Weg dorthin, hinter Amiras, mitten in freier Natur, hielt Hali unvermittelt an.
„Wir machen eine kleine Pause“, sagte er.
„Ich will dir etwas zeigen. Es hat mich immer sehr berührt, wenn ich hier vorbeigefahren bin.“

Wir stiegen aus dem Auto und gingen nur ein paar Schritte. Das imposante Mahnmal war aus hellem Naturgestein. Errichtet zur Erinnerung an die Männer, Frauen und Kinder des kretischen Widerstands, die von der Deutschen Wehrmacht hingerichtet wurden. Unweigerlich fiel mir der gute Michalis ein, als ich vor dem erschütternden Denkmal stand. Woher hatte er diese Milde, diese geistige und seelische Großzügigkeit gegenüber den Verbrechen der Deutschen genommen? Lag es an der gewaltigen und imposanten Natur Kretas? Lag es an Kretas unvergleichlichem Licht? Erkannte sich der Mensch hier leichter als Teil und nicht als Beherrscher einer größeren, göttlichen Ordnung? Hatten möglicherweise die Jahrtausende der kretischen Besatzung dazu beigetragen? Relativierten sich etwa in Anbetracht der erschütternden Geschichte der ´Insel der Seligen´ die Kriegsverbrechen der Deutschen? Lebte der, der dem Tod oft nahe gewesen war, intensiver und stand dadurch dem Leben und der Liebe näher? Begründeten all diese Erfahrungen die gelebte Religiosität, die ich schon unzählige Male auf Kreta beobachtet hatte?
Oder mochte Michalis mich einfach nur?
Ich war die Freundin seines Sohnes.
Auf einer alten Steintafel steht geschrieben, dass hier die Leichen von Männern liegen, die nie gelogen und nie betrogen und Tyrannen nie geachtet hatten.
Die Worte von Vassilis Rotas zielten wie ein Pfeil in mein Herz. Der Preis, mit dem die Kreter für die Gerechtigkeit und Freiheit bezahlt hatten, war ihr

Leben. Es war so unendlich viel leichter, darüber zu schreiben, es zu lesen, und leichter, es zu sagen, als es je zu tun. Ein Schauer lief über meine Unterarme. Der Text ging weiter. Er machte uns noch einmal darauf aufmerksam, dass an diesem wunderschönen Ort in Frieden und Liebe zu leben und dieses schöne Licht zu genießen ein Geschenk war. Dem Mut der hier beerdigten Männer verdankten wir es.
Rechts des Mahnmals stehen neun große Steinfiguren in Menschengestalt. Auf deren Tafeln sind die Namen von 440 Kretern vermerkt, die bei einer Vergeltungsaktion ermordet wurden. Hali und ich wechselten einen schweigsamen Blick.
Ich schaute in die weite, hügelige Landschaft vor uns. Die Sonne strahlte, die Olivenbäume leuchteten und der Himmel schaute stahlblau auf uns herab. Zikaden zirpten im Gesträuch. Ruhe und Frieden soweit das Auge blickte. Nichts als unendliche Ruhe umgab uns. Inmitten dieser Ruhe erschien mir der riesige Trauerstein wie eine zu Stein gewordene große Blutlache. Eine zu Stein gewordene Menge aus bitterlich geweinten Tränen und sinnlos vergossenem Blut.

Ano Vianos war ein typisch kretisches Bergdorf, umgeben von einer wundervollen Landschaft, mit vielen Olivenhainen. Es lag direkt über einer fruchtbaren und kleinen Hochebene, umgeben von majestätischen Bergen. In etwas so, als ob Gott es gut mit ihm meinen würde. Es bestand aus vielen kleinen weißen Häusern und mitunter

sehr engen, romantischen Gässchen. Oleandersträucher standen, neben Rosenstöcken, vor den Häusern. Die roten und rosafarbenen Geranien blühten jetzt noch nicht. Platanen, Pappeln und Myrten begrünten das Bild. Auf dem Dorfplatz, vor dem Kafeneion, saßen mehrere Männer, die Kaffee Elliniko tranken und rauchten. Die Kinder spielten auf der Straße. Ihre Mütter standen neben ihnen und unterhielten sich. Ein paar alte Frauen klatschten im Schatten eines Baumes unter der Bank vor der Dorfkirche. An diesem Sonntagnachmittag schien das halbe Dorf auf der Straße zu sein. Alle Blicke folgten uns. Wir passierten noch ein malerisches Plätzchen und bogen links in eine kleine Gasse ein. Verschlängelt bahnte sie sich den Berg hinauf. An ihrem Ende lag unser Haus.
Ein massives, laut knarrendes Holztor führte in einen großen Innenhof, der von einer Mauer aus prächtigen Natursteinen umgeben war. Von hier aus blickte man in die Berge. Weit und mächtig erhoben sie sich unter einem tiefblauen Himmel, an dem nur einzelne kleine, weiße Wölkchen hingen. Unser Haus, in dessen Wohnraum sich sogar eine offene Feuerstelle befand, übertraf unsere Erwartungen vollständig. Wir waren überwältigt, sprachlos, hingerissen und glücklich. Alles auf einmal. Über einen schmalen steinigen Weg erreichten wir nach kurzem Gehen auch unseren Olivenhain.
Unzählige grüne, blühende Olivenbäume wuchsen hier auf fruchtbarem Boden. Wir bewunderten sie schweigend. Ich sah Hali seine Freude, seinen

Stolz und seine Beseeltheit über die neue Aufgabe an. Er rannte völlig aufgewühlt umher und konnte es gar nicht fassen.
Schließlich sprang er in die Luft und brüllte laut: „Juchhuuu!"
Einige Zeit, in der wir unter den Olivenbäumen sitzend unser neues Leben genossen und gemeinsam Zukunftspläne geschmiedet hatten, war vergangen.
„Kaffee oder auspacken?", fragte ich Hali.
„Kaffee!", war seine Antwort.
Wir machten uns zu Fuß auf den Weg in das Kafeneion. Unter den Blicken aller dort Anwesenden bestellten wir zwei Kaffee und es dauerte wirklich nicht lange, bis das ganze Dorf wusste, dass wir Hali und Linda waren. Das Hali und Linda nach Ano Vianos kommen würden, um dort im Haus von Eftychias Cousin Panagiotis zu leben, wusste das halbe Dorf bereits bevor wir kamen!
Die Menschen hier empfingen uns mit offenen Armen. Jeder, der uns auf der Straße begegnete, grüßte uns freundlich. Trotzdem war niemand jemals aufdringlich. Die Berge waren die ruhigsten Orte Kretas, und so waren auch die Menschen hier.
Eines Tages stand sogar der Papas vor der Türe, der orthodoxe Pfarrer des Dorfes. Er lächelte mich freundlich an und fragte höflich, ob er hereinkommen dürfe. Da wir nie die Messe besuchten, konnte er wenigstens so einen Teil seines väterlichen Schutzes über uns legen. Zum ersten Mal bemerkte ich seine herzliche und einfache Art. Er war keiner der hochgestochenen Popen, die von

oben herab auf das Volk nieder predigten. Der Papas war ein Mensch aus Fleisch und Blut, der niemals ein Kind abgewiesen hätte. Ins Kafeneion ging er ebenso wie auf sein Feld. Er hatte eine Frau und Kinder. Die Sorgen und Nöte seiner Gemeinde kannte er und versuchte ihr, so gut er es eben vermochte, mit Rat, Tat und Gebet zur Seite zu stehen. Später sah ich ihn sogar einmal trampen.

Unser Haus war in einem, für kretische Verhältnisse, guten Zustand. Wasser und Elektrizität waren vorhanden, sogar das Dach war intakt. Allerdings mussten viele Ausbesserungen am Mauerwerk vorgenommen werden. Tor, Türen und Fenster mussten ausgebessert werden. Restlos alles verdiente einen neuen Anstrich. Schon am Tag nach unserer Ankunft kauften wir in Irapetra einen Eisschrank, einen Ofen, weiße Farbe, Zement, Kalk, Kies, Mörtel, Öl, Werkzeug, eine Betonmischmaschine und natürlich türkisen Lack. Irgendwann strahlten die drei Räume unseres kleinen Hauses wieder. Die Atmosphäre war hell und freundlich. Schon wenn man unser Haus betrat spürte man eine gewisse Leichtigkeit und Ruhe. Ja, man spürte den Frieden, der in den nun trockenen und sauberen Räumen lag. Nun mussten nur noch die Außenfassade, das Tor und unser Geschäft für den Sommer hergerichtet werden.

Myrtos lag am Anfang eines fruchtbaren Tals, westlich von Irapetra. Der Strand von Myrtos war nicht berühmt. Er war ein einfacher Kiesstrand, der nicht sonderlich zum Baden einlud. Dennoch liebte ich es sehr, hier zu sitzen und auf das Meer hinauszuschauen. Oberhalb des Kiesstrandes befand sich die Dorfstraße mit ihren kleinen Geschäften, Tavernen, Kafeneions und einer Bar. Hier wollten wir unser Geschäft eröffnen.

Im größten Kafeneion von ganz Myrtos fragte Hali also den Besitzer, ob er jemanden kennen würde, der uns den Sommer über hier einen Raum oder ein kleines Haus vermieten könnte. Kostas beschrieb Hali den Weg zum Haus des guten alten Ioannis. Dessen Frau Maria, die auf der Veranda saß, rief laut ihren Mann Ioannis, nachdem Hali ihr unser Anliegen geschildert hatte. Nach einer halben Stunde gingen wir mit Ioannis, der einen großen Stahlschlüssel in seiner Hand trug, zurück zur Hauptstraße. 100 Meter links neben Kostas Kafeneion lag sein Häuschen.

Die türkisfarbene Haustüre führte in einen kleinen Raum, hinter dem sich ein kleiner begrünter Innenhof befand. Überall lag Gerümpel herum. Hali zwinkerte mir zu. Der Ort war ideal für unser Geschäft. Ioannis blickte uns fragend an. Den Mietvertrag schlossen wir per Hand. Während Hali sich im Folgenden mit der Fassade und den Fenstern und Türen unseres Hauses beschäftigte, renovierte ich hier zwei Monate lang, bevor wir uns eine Pause auf Chrissi gönnten.

„Meine Lieben, wo wart ihr?“, rief Sotirios, als er uns hereinkommen sah, und wir berichteten ihm

von unserem Ausflug auf die kleine, unbewohnte Insel. Sotirios Augen begannen beinahe zu leuchten, als wir ihm erzählten, wie wir Hand in Hand barfuß an den paradiesischen, hellgoldenen Sandstränden entlangliefen oder unsere Füße in das leuchtende türkisfarbene Meer hielten.
„Chrissi ist das Paradies auf Erden“, schwärmte er.
Die Taverne von Ano Vianos hatte keinen Namen. Alle nannten sie nur „Bei Sotirios“. Während der Renovierungsarbeiten schaute Sotirios fast täglich bei uns vorbei und wurde unser Freund. Er hatte ein leuchtendes Mondgesicht, das nie aufhörte zu lächeln, selbst wenn er gar keine Miene verzog. Sein freundliches Wesen hatte sich ganz einfach tief in seine Gesichtszüge eingegraben. Nach dem frühen Tod seiner Eltern funktionierte er sein Elternhaus einfach in eine Taverne um. Das ehemalige Wohnzimmer bestückte er mit Tischen und Stühlen, und vor den Eingang zur Küche stellte er eine große Theke, mit Glasfront.
Hier bereitete er jeden Morgen seine stets frischen und leckeren Speisen zu. Er verschenkte viel und bekam viel zurück. Alles was er tat machte er langsam. Eine Speisekarte gab es bei ihm nicht. Dafür gab es das, was da war, und es war einfach nur köstlich und mit Liebe gemacht.
Die Kreter waren wirklich ein wildes Völkchen voller großartiger und liebenswerter Rebellen. Ob unter Arabern, Venezianern, Türken und Ägyptern oder Diktatoren oder im Alltag. Angefangen von den großen Freiheitskämpfern, die riesige Aufstände angeführt hatten, und den Kapitanes der

Partisanen bis hin zu den kleinen Rebellen des täglichen Lebens, wie einem Ioannis, der im 19. Jahrhundert auf Verträge pfiff, und einem Sotirios, der alles nur so tat wie es ihm gefiel.
Wir tranken gerade Kaffee und unterhielten uns noch über Chrissi, als Amalias Kopf zur Türe hereinragte. Die liebe Frau des Bauern, bei dem wir alle einkauften, trat ein. Der Tag, an dem Amalia mich nicht überredete, mich zu ihr zu setzen und eine kleine Unterhaltung zu führen, wenn ich bei ihr vorbeikam, musste noch erfunden werden. Sie war fast 60 Jahre alt und hatte Kreta noch nie verlassen. Demgemäß wollte sie von mir alles über die große, weite Welt wissen, und sie interessierte sich nicht nur für Kulturen, sondern auch für Politik.
„Kindchen, Kindchen, der Krieg, bitte merke es dir, der Krieg ist das Schlimmste auf der ganzen Welt. Jeden Tag bete ich für den Frieden auf Erden. Tue du es doch bitte auch“, sagte sie eines Tages zu mir.
Ich stimmte ihr zu und versprach es ihr. So viele Menschen auf der ganzen Welt beteten für den Frieden. Stünden alle diese guten Menschen zusammen an einem Ort, dann würde sich dort eine überwältigend große Menschenmenge voll von guten Menschen befinden, die auch wahrhaft Gutes vollbringen könnte. Doch auch wenn nur ein einziger Mensch für sich alleine für den Frieden betete, dann erschuf derjenige damit eine liebevolle Atmosphäre um sich herum. Amalia betete jeden Tag für den Frieden, obschon sie selbst in Friedenszeiten lebte. Eine alte Frau, die

auf fruchtbarer Erde stand, betete für all die, die bei ihr standen, und all jene, die großes Leid ertragen mussten. Sie sagte, dass in Kriegszeiten das Gebet eines Einzelnen nur wenig bewirken könnte. Der beste Samen würde nicht fruchten, wenn er nicht auf fruchtbare Erde fiele.
Amalia und Sotirios waren es, die mir noch einmal zeigten, wie man aus vollem Herzen und ganzer Seele lebte. Sie waren keine Menschen der kleinen Geste. Sie waren Menschen, die dir ihr Herz ganz oder gar nicht schenkten. Ihre offene und ehrliche Art berührte mich tief. Irgendwann würden auch Amalias lange, geflochtene Zöpfe über ihre zierlichen Schultern fallen, und auch sie würde aussehen wie eine jener kleinen Madonnen, die ein helles Licht ausstrahlten, das ihrer Liebenswürdigkeit und Menschlichkeit entsprang.

Es war Nacht und die Fensterläden, die wir tagsüber schlossen, waren weit geöffnet. Der silberne Mondschein warf einen strahlenden hellen Schimmer auf unser Bett. Vom Bett aus konnten wir direkt in einen unfassbar weiten Himmel sehen. Die sternenklare Nacht prophezeite bereits das erleuchtete Stahlblau des nächsten Tages. Ich lag in Halis Arm, dicht an ihn gekuschelt.
„Bist du glücklich? Gefällt es dir?“, fragte er.
Ich war überglücklich und antwortete: „Ja, ich bin sehr glücklich, und wie gefällt es dir?“
„Ich kann mir wirklich nichts Besseres vorstellen“, sagte Hali glücklich.
Schweigen. Tiefe Freude. Nichts sonst.

„Erinnerst du dich noch an unsere erste Nacht in Sivas?“, fragte er weiter.
„Ja“, sagte ich, „alles hier erinnert mich daran. Nur haben wir jetzt ein großes Haus.“
„Ich habe das Gefühl, als ob alles noch einmal von vorne beginnen würde. So, als ob sich ein Kreis geschlossen hätte und ein neuer Kreis beginnt“, meinte Hali. „Ach Lindakimu, ich danke Gott dafür“, seufzte er.
In seinem Blick, der auf mir ruhte, lag eine große Zärtlichkeit.
„Ich liebe dich“, sagte er.
„Ich liebe dich auch.“
„Es wird nie wieder aufhören. Das Komische ist nur, dass ich es bereits damals wusste, als wir uns kennenlernten, hier auf Kreta. Ich brauchte dich nur anzusehen, und mein Herz war wie befreit. Meine Liebe zu dir ist nur immer tiefer geworden. Ich werde dich für immer und ewig lieben.“
Sanft streichelten seine weichen Hände über meinen Rücken, meine Arme und meine Beine. Schon öfter hatte Hali mir gesagt, dass ich mich besser anfühlen würde als Samt und Seide zusammen und dass er niemals im Leben genug von mir bekäme. Einmal erzählte er mir sogar er würde einfach restlos alles an mir lieben. Das es niemals mehr aufhören würde, das sagte er mir in dieser Nacht zum ersten Mal. Ich wiederum liebte seinen Geist, seine Seele, seinen Körper und auch noch den Boden, auf dem er stand. Hali küsste meinen Hals und entfachte aufs Neue das Feuer, das uns jeden Abend wärmte. Wir flogen in einen strahlen-

den Himmel hinein, rauschten vorbei an Sternen und Galaxien, immer tiefer ins All eindringend. Immer tiefer vom anderen in der Seele berührt. In der immer intensiver werdenden Verschmelzung waren wir nur noch eine Seele, die mit der gesamten Existenz verbunden war. Wir waren ergriffen von dem einen Bewusstsein. Dem Bewusstsein, welches keine Unterscheidungen mehr macht. Hinter der Dualität klopfte der Herzschlag des Lebens. Er ist allgegenwärtig, immer da.
Unser Leben war nicht das, was man als ein angenehmes oder komfortables Leben bezeichnet hätte. Vielleicht lag genau in seiner Einfachheit seine Schönheit. Die bedingungslose Liebe in uns selbst gab uns die Kraft, dem Leben zu vertrauen und uns mit dem Wesentlichen zu begnügen. Der nicht endende Himmel ließ auch uns die Weite des Universums fühlen. Die Strahlen der Sonne und der Sterne bedeuteten uns, dass auch in uns die alles erleuchtende und nährende Energie allgegenwärtig war. Der Wellengang des Meeres teilte uns mit, dass auch wir im ewigen Kreislauf des Lebens, seinem ewigen Kommen und Gehen auf Erden, zu Hause waren.
Das, was die Griechen „Kefi“ nennen, heißt wörtlich übersetzt einfach nur gute Stimmung oder gute Laune. Es ist jedoch im Grunde ein schwer zu übersetzendes Wort, das von Griechen oft als Geist der Freude oder Beseeltheit von Gott beschrieben wurde. Kefi bedeutet vielleicht, trotz eines schweren Schicksals die Lebensumstände zu akzeptieren und sich an der kleinen, wilden Rose am steinigen Wegesrand zu erfreuen.

Es bedeutet vermutlich auch, das Leben und auch sich selbst nicht mehr so wichtig zu nehmen und die Dinge auf sich zukommen zu lassen in der Gewissheit, dass es Gott gibt.
Schließlich kam der Sommer mit großen Schritten auf uns zu gerannt. Unser Haus war komplett renoviert, und das Geschäft in Myrtos eröffnet. Nach und nach kam das halbe Dorf vorbei, um seine Neugierde zu stillen. Selbst mancher Einheimische kaufte etwas bei uns. Meist aber waren es Rucksacktouristen, die das eine oder andere Silberschmuckstück aus Bali mitnahmen. Die Miete verdienten wir in kurzer Zeit, obwohl der Südosten touristisch noch kaum erschlossen war. Unseren Laden nannten wir „Little Star“.
Der Name fiel mir beim Renovieren ein. Ein kleiner Bergkristall, den ich in der Hosentasche bei mir trug, war auf den Boden gefallen. Inmitten von altem Gerümpel, Holzabfällen, Dreck und zusammengeknülltem Zeitungspapier lag er genau dort, wo ein breiter Sonnenstrahl, der quer durch den Raum fiel, einen hellen Kreis auf den Boden projizierte. Darin glitzerte er wie ein kleiner Stern. Spontan dachte ich, dass so auch dieser Ort hier war. Für uns war er wie ein kleiner Stern, ein weiteres Licht in unserem Leben. Für Hali und mich war überhaupt jedes Mineral ein kleiner Stern. Jeder Stein war in unseren Augen ein Wesen der großen Schöpfung und besaß in seinem Ursprung etwas Lichtartiges, wenn auch im Allgemeinen nur der Diamant als Träger des großen Lichts betrachtet und anerkannt wird. Ein Rohdiamant, sieht einem normalen Stein ziemlich

ähnlich. Es hängt einzig und alleine vom Können des Schleifers ab, das in jedem Diamant verborgene Feuer zu entfachen.
Vielleicht musste so auch die menschliche Seele entwickelt werden, um das Licht auszustrahlen, dachte ich. Im Christentum ist der Diamant Sinnbild Jesus Christus, der Gott und den Geist der wahren Liebe und des Lichts, in die Welt trug. Der Mensch, der den Erlöser Christus in seinem Herzen trägt, wird in Gottes Reich eingehen, heißt es. Im tibetischen Buddhismus ist der Diamant vor Allem ein Symbol des Ewigen und der Erleuchtung, die unter günstigen Umständen sogar während eines Lebens erreichbar ist. Der Diamantgeist ist die Verkörperung der höchsten Weisheit und deren Qualitäten wie Freude und Mitgefühl. Von alters her gilt der Diamant schon als Symbol der Liebe. Mir erschien das Licht von Bergkristallen und Brillanten stets dem Licht der Sterne gleich. Man könnte fast sagen, es sei gar nicht von dieser Welt.
An den einsamen Sandstränden Kretas, an denen wir manches Mal die einzigen Besucher waren, erlebten wir viele herrliche und über alles erhabene Stunden. Hier lebten wir in unserem eigenem Universum, das mysteriös und voller Wunder war. Es war Nachmittag und immer noch heiß, aber die Hitze war nicht unangenehm. Sie war eine Quelle ewiger Energie. Kein Mensch außer uns war zu sehen. Die Stille, welche über der Bucht lag, wurde nur von den Zikaden und dem ewigen Rauschen des Meeres begleitet. Das Meer schimmerte in den verschiedensten strahlenden

Grün- und Blautönen, von Smaragd bis Türkis. Die schillernden Töne erschienen nebeneinander wie die Farben auf der Palette eines großen Künstlers. Nur der Horizont ließ durch einen feinen, hellen Silberstreifen erahnen, wo das Meer endete und der Himmel begann. Der Himmel, in seiner erhabenen Weite, strahlte in kräftigem Hellblau. Vereinzelt schwebten an ihm schneeweiße Wölkchen, wie rosa Seerosen, mit Leichtigkeit dahin. Hali spülte seine Hände mit Meerwasser ab und kramte in seiner Tasche. Er holte seinen kleinen Diamanten hervor und hielt ihn mir genau vor die Nase.

„Er ist für dich, Linda. Ich habe ihn sowieso nur für dich gekauft“, sagte er und lächelte mich an.

Überrascht sah ich auf den glitzernden Funken göttlicher Vollkommenheit.

„Wieso hast du ihn für mich gekauft?“

„Das weißt du genau.“

Er hatte Recht. Ich nahm den Edelstein und legte ihn in meine geöffnete Handfläche. Der kleine Spiegel der Ewigkeit strahlte in der Sonne, in dem hellsten und reinsten Licht. Ich betrachtete ihn fasziniert. Liebe und Erleuchtung schienen mir entgegen. Entstanden war auch er unter immenser Hitze und großem Druck, in der tiefsten Tiefe der Erde.

An den paradiesischen Orten Kretas waren auch wir der Ewigkeit nah. Für uns war der Boden unter unseren Füßen ein heiliger Ort. Glücklich und frei lebten wir in einem Paradies und wurden ein Teil von ihm. Hier fanden wir, Linda und Hali, auch in uns selbst die Liebe und das Licht!

Diamantene Gefilde

Tiefste Täler wilden Begehrens durchschritten,
Durch Schluchten versteinerter Gefühle
Voneinander getrennt.
In reißenden Bächen
Kristallklarer Emotionen ertrunken,
Um Beten zu lernen, um der Liebe willen.
Unter dir liegende Schleusenöffnung –
Steinsprengender Tränensturz,
Tiefer eindringend in diamantene Gefilde.

In der Glut des ewigen Sommer,
Als der stärkste und sanfteste Magnet
Fühlend in mich eindrang, davonfliegend
Auf den goldenen Segeln purpurroter Lust,
Tiefer gleitend in diamantene Gefilde.

Leuchtfeuer entfacht am silberstrahlenden Grund,
In innersten Seelen miteinander verschmolzen,
Durchflutete Wüstenschwärze, mit Liebeslicht.
Universen beflogen,
Auf den Schwingen des Samtphallus,
Geborgen im Pfirsichglitzermeer,
Tiefer eindringend in diamantene Gefilde.

Als alles Dunkel, von Licht durchflutet,
In der Ewigkeit aufwachte,
Und die Liebe, alles andere mit sich fortreißend,
Nie mehr endete,
In diamantenen Gefilden.

Linda

Ein letzter Liebesbrief...

„Auszug aus dem ersten Brief des Paulus an die
Korinther
Das Hohelied der Liebe
1 Wenn ich mit Menschen- und mit Engelzungen
redete und hätte die Liebe nicht, so wäre ich ein
tönendes Erz oder eine klingende Schelle.
2 Und wenn ich prophetisch reden könnte und
wüsste alle Geheimnisse und alle Erkenntnis und
hätte allen Glauben, sodass ich Berge versetzen
könnte, und hätte die Liebe nicht, so wäre ich
nichts.
3 Und wenn ich alle meine Habe den Armen gäbe
und ließe meinen Leib verbrennen und hätte die
Liebe nicht, so wäre mir's nichts nütze.
4 Die Liebe ist langmütig und freundlich, die Liebe
eifert nicht, die Liebe treibt nicht Mutwillen, sie
bläht sich nicht auf,
5 sie verhält sich nicht ungehörig, sie sucht nicht
das Ihre, sie lässt sich nicht erbittern, sie rechnet
das Böse nicht zu,
6 sie freut sich nicht über die Ungerechtigkeit, sie
freut sich aber an der Wahrheit;
7 sie erträgt alles, sie glaubt alles, sie hofft alles,
sie duldet alles.
8 Die Liebe hört niemals auf, wo doch das prophe-
tische Reden aufhören wird und das Zungenreden
aufhören wird und die Erkenntnis aufhören wird.
9 Denn unser Wissen ist Stückwerk und unser
prophetisches Reden ist Stückwerk.
10 Wenn aber kommen wird das Vollkommene, so
wird das Stückwerk aufhören.“

Literatur

Diels, Hermann; Kranz, Walther (Hrsg.): Die Fragmente der Vorsokratiker. Bd. 1, Hildesheim 2004

Johann Wolfgang von Goethe: Gesammelte Verse und Gedichte. Lechner Publishing Ltd., Limassol, 1998

Gotteslob, Katholisches Gebets- und Gesangbuch, Psalm 573. Verlag J. P. Bachem, Erzbistum München, 1996

Lutherbibel, revidierter Text 1984, durchgesehene Ausgabe, © Deutsche Bibelgesellschaft, Stuttgart, 1999

Deutsche Gedichte, Anaconda Verlag, Köln 2005

Zitate

Mignon, von Johann Wolfgang von Goethe, aus: Deutsche Gedichte, Anaconda Verlag, Köln 2005

Gedichte, Römische Elegien und Venezianische Epigramme, von Johann Wolfgang von Goethe, aus: Johann Wolfgang von Goethe: Gesammelte Verse und Gedichte. Lechner Publishing Ltd., Limassol, 1998

Psalm 573, aus: Gotteslob, Katholisches Gebets- und Gesangbuch, Verlag J. P. Bachem, Erzbistum München, 1996

Deutsche Übersetzung der Grabinschrift am Grab von Nikos Katzanzakis, in Iraklio, Kreta, Griechenland

Korinther, Psalm 13, Vers 13, aus: Lutherbibel, revidierter Text 1984, durchgesehene Ausgabe, © Deutsche Bibelgesellschaft, Stuttgart, 1999

Inhalt

Ich wünsche Dir Licht und Liebe

Dieses Buch wurde in Übereinstimmung mit den GPSR-Richtlinien der EU zur Sicherheit von Produkten erstellt.

Die Verordnung über die allgemeine Produktsicherheit ist der aktualisierte Rahmen der Europäischen Union, um sicherzustellen, dass alle Verbraucherprodukte, einschließlich Bücher, für Verbraucher sicher sind.

Dieses Buch wurde von CPI books GmbH gedruckt. Der Drucker hat Sicherheitszertifikate für die verwendeten Materialien wie Tinte, Papier und Kleber ausgestellt.

Die Produktkennung ist: 9789463181686

Der Autor ist für den Inhalt des Buches verantwortlich und hat das Buch von Bookmundo produzieren lassen.

Sollten Sie Fragen zur Sicherheit des Produkts haben, kontaktieren Sie uns bitte.

Bookmundo
Delftsestraat 33
3013AE Rotterdam
Die Niederlande
info@bookmundo.com

FSC
www.fsc.org
MIX
Papier | Fördert gute Waldnutzung
FSC® C083411

Zeitfracht Medien GmbH
Ferdinand-Jühlke-Straße 7
99095 Erfurt, Deutschland
produktsicherheit@kolibri360.de